Testimonios
Narrados por la Hija del Pastor

Historias basadas en hechos de la vida real

Por Dinorah Burt

Copyright © 2024 by

Dinorah Burt

Todos los derechos reservados

Publicado en 2024

Al menos que se indique lo contrario todas las escrituras fueron tomadas de la versión Reina Valera 1960.

Tabla de Contenido

Contenido

Introducción *5*
Prologo *6*
De la autora *13*
Niñez y juventud *14*
Hijos de Pastor *15*
Dinero caído del cielo *19*
La Oración de flecha *23*
Viento de Dios que Trajo Provisión. *29*
Sanidad de una Madre *37*
Protección en accidente *52*
El Pago de una factura *57*
Un Hogar Bendecido *63*
Sanidad de un brazo *74*
Sanidad de un Gato *81*
El Encuentro *86*
Sanidad del Cerebro *94*
El Pastor Anuncia su Partida *113*
El día de la partida *127*

Las profecías *134*
Cantico Profético, por Benjamín Duran .. *136*
Milagros de sanidad y liberación *137*
Otros Testimonios *147*
Información de Contacto *150*

Introducción

Este libro es dedicado a mi familia, al concilio de Iglesias de Jesucristo Resurrección, y a todos aquellos que desean edificar su fe.
Pido a Dios Todopoderoso que bendiga a la persona que está leyendo este libro, así también a todos aquellos que escuchan su lectura. Para la gloria de Dios, en el nombre de Jesús. Amén.

Prologo

A medida en que nos vamos acercando a los últimos tiempos, vemos cumplir las profecías citadas en las escrituras. Dios ha prometido un derramamiento de su Santo Espíritu en una manera sobrenatural, como dicen las escrituras en Joel 2:28

"y después de esto derramaré mi espíritu sobre toda carne, y profetizarán vuestros hijos y vuestras hijas; vuestros ancianos soñarán sueños, y vuestros jóvenes verán visiones"

Estamos en el tiempo del avivamiento que debe manifestarse en los últimos tiempos, sin embargo, ¿cuál es la diferencia entre este avivamiento y otros avivamientos que se han manifestado anteriormente?

A través de la historia se han visto varios movimientos de avivamiento, sin embargo, estos movimientos de avivamiento han terminado en el momento en que los líderes que Dios ha usado como instrumentos para traer dicho avivamiento, han pasado a sus moradas celestiales. La diferencia que se ha de notar en este avivamiento que se manifestará en los últimos tiempos, es que será un derramamiento global, en donde Dios manifestará su gloria, no solo a través de uno o dos líderes locales, regionales o continentales, sino a través del cuerpo de Cristo en todas las naciones del mundo. A pesar del aumento del pecado y la maldad, la gracia y la misericordia del Señor son nuevas cada mañana; pues como dicen las escrituras en Romanos 5:20-2;

"... Mas cuando el pecado abundó, sobreabundó la gracia"

El avivamiento para el pueblo de Dios y todo aquel que quiere un encuentro con El Dios Todopoderoso es ahora, Dios busca adoradores que lo adoren en espíritu y en verdad, como dicen las escrituras en Juan 4:23-24;

"Más la hora viene, y ahora es, cuando los verdaderos adoradores adorarán al padre en espíritu y en verdad; porque también el Padre tales adoradores busca que adoren.

Dios es espíritu; y los que le adoran, en espíritu y en verdad es necesario que le adoren"

¿Qué significa esto? Dios quiere que lo adoremos con sinceridad, de todo corazón; con entrega, sometiéndonos y obedeciendo a su palabra.

"Y me buscaréis y me hallaréis, porque me buscaréis de todo vuestro corazón" Jeremías 29:13

De modo que adoremos no solo con palabras, sino también con nuestro diario vivir, que pongamos a Dios primero en nuestras vidas, y nuestro corazón; que todo lo que hacemos, lo hagamos para El, para su gloria y para su honra.

Hagámonos las siguientes preguntas: ¿Cuál es el motivo de lo que hacemos? ¿Es porque amamos a Dios y deseamos que toda la gloria sea para EL única y exclusivamente? o buscamos reconocimiento personal de alguna clase? Cualquier motivo que no sea el amor a Dios y al prójimo es vano; con esto no me estoy refiriendo a la labor de trabajo que ejercemos para sustentar a nuestra familia y a nosotros mismos, pues mientras estemos en este mundo y tengamos responsabilidades sea con nuestros hijos, familiares o dependientes; tendremos que trabajar, mas aun en nuestro ambiente laboral debemos honrar a Dios.

Entendamos que no solamente estamos delante de una gran nube de testigos, terrenales, sino también del mundo espiritual que es cien por ciento real; sean ángeles celestiales al servicio de Dios, o espíritus de maldad al servicio de Satanás. Además, el mejor testigo, es el Omnipresente Dios, que escudriña nuestros corazones y sabe más que nosotros mismos cuál es el motivo exacto por el cual accionamos.

"Por tanto, nosotros también, teniendo en derredor nuestro, tan grande nube de testigos, despojémonos de todo peso y del pecado que nos asedia, y corramos con paciencia la carrera que tenemos por delante" hebreos 12:1

"Más el que escudriña los corazones sabe cuál es la intención del Espíritu, porque conforme a la voluntad de Dios intercede por los santos" Romanos 8:27

"Yo jehová que escudriño la mente, que pruebo el corazón, para dar a cada uno según su camino, según el fruto de sus obras" Jeremías 17:10

La buena noticia es que podemos ir a los pies del Señor, Dios Todopoderoso, al trono de gracia, pedirle que escudriñe nuestros corazones, que nos señale, si hay algo que debemos cambiar; lo que sea que se esté interponiendo entre nosotros y El mismo. Podemos pedir que nos ayude a cambiar lo que sea que haya que cambiar, o a renunciar a lo que sea que tengamos que renunciar para ser liberados totalmente de cualquier obstáculo que este afectando nuestra comunión con Dios, si en algún momento no nos sentimos lo suficientemente fuertes para renunciar a lo que nos asedia, podemos clamar a Dios y El Espíritu Santo, nos va a fortalecer, instruir, recordar y revelar hasta lo que no podamos recordar nosotros mismos, sin embargo, Dios nos da la libertad para tomar la decisión de invocar le, y de obedecerle, Él nos puede revelar, darnos a conocer lo que tenemos que cambiar, pero es nuestra responsabilidad tomar la decisión de cambiar y vivir una vida en plenitud con Dios, experimentando cada nivel de su gloria.

Dicen las escrituras en Romanos 10:13

"Porque todo aquel que invocare el nombre del Señor, será salvo"

¡Bendito sea Dios Todopoderoso! Él quiere traer mayor manifestación de su Espíritu Santo en nosotros; darnos vida en abundancia y llevarnos de gloria en gloria.

" Por tanto, nosotros todos, mirando a cara descubierta como en un espejo la gloria del Señor, somos transformados de gloria, en gloria en la misma imagen, como por el Espíritu del señor" 2 Corintios 3:18

En Hageo: 2-9 Dios promete que la gloria postrera será mayor que la primera. EL cumple sus promesas porque como dicen las escrituras:

"Dios no es hombre, para que mienta, ni hijo de hombre para que se arrepienta. Él dijo ¿y no hará? Habló ¿y no lo ejecutará?" Números 23:19

"Así será mi palabra que sale de mi boca; no volverá a mí vacía, sino que hará lo que yo quiero y será prosperada en aquello para que la envié" Isaías 55:11

No debemos permitir que, por el aumento de la maldad, nuestro amor se enfríe, léase Mateo 24:12, sino que unidos bajo la gracia de Dios volvamos al primer amor, uniéndonos en hermandad, desechando todo pensamiento negativo, sustituyéndolo por pensamientos positivos, de esperanza, y renovación de nuestras mentes a los pies de Jesús.

¡Prepárese para unirse al avivamiento glorioso del cuerpo de Cristo!

De la autora

Dinorah es una de las hijas del Pastor Benjamín Durán y su esposa Ubaldina Gil. El Pastor Benjamín Durán recibió el llamado pastoral a principios de los años 80 cuando Dinorah era apenas una niña pequeña.

El pastor Benjamín Durán operó bajo los cinco ministerios mencionados en el libro de Efesios capítulo 4:11-12 donde citan las escrituras:

"y él mismo constituyó a unos, apóstoles; a otros, profetas; a otros, evangelistas; a otros, pastores y maestros, a fin de perfeccionar a los santos para la obra del ministerio, para la edificación del cuerpo de cristo"

El Pastor Benjamín Durán fue bendecido con una larga vida y El Señor lo usó como instrumento para establecer el concilio de iglesias de Jesucristo Resurrección en el municipio de Navarrete, provincia de Santiago en la República Dominicana; de este salieron otros ministerios que se expandieron en el país y las naciones.

Niñez y juventud

Desde niña fui, en cierta medida, analítica; siempre tenía preguntas acerca del universo, de la deidad de Dios, ciencia, artes, entre otros temas.

Dios me dio la oportunidad de tener padres que me instruyeron en la fe, el amor y el temor hacia Dios, la divina trinidad, un temor que significa reverencia, respeto y deleite en la presencia del Dios Altísimo, el Dios viviente y Omnipotente.

Además, fui una niña que se mantuvo ocupada en todo lo que yo pudiera pensar fuese útil, sea en la iglesia, en la escuela o en la comunidad, pues mis padres que siempre estaban sirviendo en la comunidad, nos enseñaban que mantenerse ocupado en actividades físicas o educativas, mantenía la mente y el cuerpo saludable. De vez en cuando cometía una que otra travesura, pero gracias a Dios y a mis padres nunca me metí en grandes problemas.

Fui testigo de acontecimientos sobre naturales y de la acción del poder de Dios. En este libro les hago el relato de algunos de los sucesos vividos por mí misma; y otras personas las cuales hoy testifican del amor, poder y la gracia de Dios; y de la manera que Dios usó a sus siervos, El Pastor Benjamín Durán y su esposa Ubaldina Gil.

Hijos de Pastor

Los hijos de los pastores siempre han sido un foco de atención; en las iglesias, y en las comunidades en donde residen; ellos por lo general desean ser vistos como niños normales o como aquellos niños pertenecientes a cualquier otra familia cristiana; sin embargo, en muchas ocasiones, llevan la carga emocional de llenar las expectativas de la gente que los rodea, tal vez haya quien les deje sentir el peso de la responsabilidad de ser hijos modelos, o quien juzgue a los padres por los hijos o viceversa.

En mi caso particular, cuando mi padre, vino a los pies del señor y luego recibió su llamado para ser pastor, mis hermanos, en su gran mayoría eran adultos, otros eran jóvenes muy cerca de la adultez; solamente mi hermano menor y yo éramos niños pequeños; éramos seis hermanos; cada uno, con una personalidad distinta. Mi hermano Noel y yo, por ser los más jóvenes, pudimos absorber mucho más las enseñanzas de las escrituras y aceptar a Jesús como nuestro salvador, desde nuestra infancia, nuestras hermanas se tomaron mucho más tiempo.

Muchos se preguntarán ¿Cómo son los hijos de aquel hombre que Dios usa para predicar, orar por los enfermos y que ellos sean sanados, o para con autoridad mandar a los espíritus inmundos salir de un cuerpo, en el nombre de Jesús y los espíritus inmundos someterse e irse únicamente al escuchar la palabra? Aunque muchas veces la gente espera que los hijos de los pastores sean de algún modo "sobre dotados" de conocimiento, agilidades, dones y disciplina, no en todos los casos, es así.

Las escrituras dicen en Proverbios 22:6

"Instruye al niño en su camino, y aun cuando fuere viejo no se apartará de él"

Y esto, precisamente, fue lo que nuestros padres hicieron desde el momento que se convirtieron en seguidores de Jesucristo. Debo mencionar que, aunque mi padre amaba mucho a sus hijos, también procuró ser meticuloso en cuanto al balance entre el ministerio pastoral y su labor de padre y líder de su hogar; recordando siempre la historia del sacerdote Elí (1 Samuel 2:12-36) él era un hombre temeroso de Dios, y nos enseñaba el temor de Dios, el entendía que no hay temor de Dios sin amor hacia Dios y hacia el prójimo; que el temor de Dios no es miedo, sino delite y gozo en la presencia de Dios, él también nos enseñaba acerca de las escrituras y la oración, y además oraba a diario por sus hijos y su familia, reclamando las escrituras en Hechos 16:31 donde dice:

"Ellos dijeron: cree en el señor Jesucristo, y serás salvo, tú y tu casa"

Para mis padres lo más importante era la salvación de las almas; incluyendo la salvación de su familia y de todos los que Dios les permitiera alcanzar o relacionarse mientras estuvieran en este mundo.

Ahora bien, el Señor nos habla en Isaías 59:21 diciendo:

"Y este será mi pacto con ellos, dijo Jehová: el Espíritu mío qué está sobre ti, y mis palabras que puse en tu boca, no faltarán de tu boca, ni de la boca de tus hijos, ni de la boca de los hijos de tus hijos, dijo Jehová, desde ahora y para siempre"

Siendo así, los padres que instruyen al niño en el camino de la fe no solamente están asegurando que estos se mantengan o regresen a sus enseñanzas si están apartados, sino que Dios les promete que su Santo Espíritu y su santa palabra estarán con estos por generaciones.

Nuestro Dios es un Dios de bendiciones generacionales.

Dinero caído del cielo

Era un día hermoso, a media tarde, mi madre, Ubaldina Gil, a quien cariñosamente le llamaban "Negra" salió al patio de la casa, donde estaba yo jugando como todos los niños lo hacían en el patio de sus casas; para aquel entonces, no existían tantos video juegos, ni entretenimientos electrónicos, especialmente en el barrio en donde vivíamos, mi madre se sentó en una silla, cuando la vi, yo me senté debajo de un árbol de guanábana (Soursop) frente a ella. Yo la observa con detenimiento, mientras ella alababa al Señor, Dios Todopoderoso y le agradecía por todo cuanto pudiese llegar a su mente, ella levantó sus manos al cielo e hizo una petición, ella pidió que Dios le diera cinco pesos para resolver los pendientes de ese día y poder ir a trabajar al día siguiente. ¿Yo no estaba consciente de la necesidad que teníamos en ese momento, era niña y me entretenía jugando al aire libre, ni siquiera entraba a la casa, al menos que sintiera hambre o sed, así éramos los niños de esa época, pero bueno, al parecer teníamos necesidad de algo… la cena? ¿El transporte para su trabajo? ¿Alguna otra necesidad personal? tal vez, no estoy totalmente segura. Ahora bien, de lo que estoy segura es de lo siguiente:

- En el dulce nombre de Jesús, te lo pido por favor, Padre Celestial. ¡Amen!
-Dijo ella, al final de la oración.
Recuerdo que el lugar donde mi madre estaba sentada era prácticamente en medio del patio, en un espacio sin techo, abierto al firmamento.

Mientras yo la observaba en silencio, de repente llegó un viento recio que movía las ramas de los árboles, en especial el árbol debajo del cual yo estaba sentada, y desde el espacio vacío en medio del patio, a una distancia considerable de donde yo estaba sentada, en el espacio que había entre mi madre y yo, vi caer al suelo una hoja seca que venía volando, descendía como del cielo dando vueltas en espiral.

-Por favor, mi hija, pásame esos cinco pesos que me mandó el Señor.
-Me dijo mi madre.

Enseguida yo me levanté y cuando me incliné a mirar yo veía la hoja seca que había caído al suelo, esta vez la vi como que estaba doblada, sin embrago, para mi sorpresa cuando extendí mis manos para agarrarla; ¡Era un billete de cinco pesos doblado! No sé cómo cambio de hoja seca a billete, no sé cómo explicar lo que vieron mis ojos, solo sé que vi una hoja seca y al momento de agárrala era un billete de cinco pesos.

Cuando le pasé el billete a mi madre en sus manos, ella comenzó a glorificar el nombre de Jesús.

Agradeciendo a Dios por haber contestado su petición, se fue danzando hacia dentro de la casa, mientras tanto, yo me quedé sorprendida, miré por todos lados, buscando dentro de mi mente y me preguntaba ¿De dónde salió el billete?

No había, absolutamente, nada más que el espacio abierto hacia el cielo, sin techo y los árboles alrededor. Entones yo entré a la casa y le pregunté a mi madre ¿De dónde salió el billete?

-Hija, Vinieron de Dios. Solo hay que tener fe. Yo no quiero dinero extra, con lo de pasar el día me es suficiente- Me dijo ella.

Yo tenía, probablemente entre 10 a 12 años en aquel entonces.

Dios quiere que pidamos lo que necesitamos creyendo que vamos a recibirlo y con un corazón agradecido. Él quiere contestar nuestras peticiones. Orar específicamente, va a dar resultados específicos, oremos con fe, creyendo que Dios existe y que El pude contestar o realizar lo que pedimos.

Vamos a rendirnos al Señor y pedir con fe, en el nombre de Jesús. ¡Amen!

"Todo lo que pidan en oración creyendo, lo recibirán "Mateo 21:12

Oración

Padre celestial bendito y alabado sea tu nombre, gracias por tu amor, gracia y misericordia, por favor, ayúdame acercarme a ti con fe y confianza, dame la gracia delante de tus ojos para hacer peticiones específicas para los demás y para mí mismo, pero lo más importante ayúdame a vivir una vida sometida a tu palabra, te lo pido en el nombre de Jesús. Amén.

La Oración de flecha

Cuando era niña mis padres solían salir de noche y acostarse en una manta o hamaca en el patio trasero de la casa con sus hijos a contemplar las estrellas y la hermosura del firmamento, un espectáculo de luces estelares totalmente gratuito, otorgado por Dios a todos los que pueden mirar hacia el cielo; ahí nos contaban historias infantiles, de personajes semejantes a caricaturas animadas, que mantenían la inocencia y la imaginación de cualquier niño que los escuchara, también nos contaban historias de la biblia, y cantábamos alabanzas a Dios, mi papá también solía enseñarnos acerca de un libro de geografía que a él le gustaba mucho.

Una de esas noches en la que salimos a ver el maravilloso despliegue de estrellas; mientras estábamos acostados al aire libre, pasó una estrella fugaz, entonces mi padre me dijo:

-Sabes que puedes hacer una "Oración de flecha"

-Y qué significa una oración de flecha? Le pregunte, mirándolo detenidamente

-Es un clamor que se hace espontáneamente en un momento de emergencia donde pides ayuda por algo inmediato, sea en palabra o en pensamiento si no tienes el tiempo de hablar, Dios sabe lo que estás pensando, tu pensamiento es una acción o palabra para Dios, si llega el momento en el cual necesites algo con urgencia, y no haya tiempo para decir muchas palabras, no olvides clamar a Dios y este será tu "Oración de flecha" y esta oración es más rápida y efectiva que una estrella fugaz como la que acabas de ver esta noche, la oración de flecha puede ser más rápida y eficaz que un cuerpo celeste que viaje a velocidad de años luz. A menudo también me citaba el libro de Jeremías 33:3 donde dicen las escrituras:

"Clama a mí, y yo te responderé y te enseñaré cosas grandes y ocultas que tú no conoces"

Me quedé pensando… ¿Cómo sería eso de lanzar un clamor tan rápido? siempre tengo tiempo de hablarle a Dios con calma y con muchas palabras, en mi lugar secreto, debajo de la cama, ahí le hablo con calma - Esto dije yo en ese instante, siendo niña; lo que yo menos pensé en ese momento era que podía necesitar en alguna ocasión una "Oración de Flecha" sin embargo guardé el asunto en mi corazón.

Pasado algún tiempo, hubo una noche en la que pensé ir a visitar a mi hermana mayor "Juanita" esa noche era bastante oscura, y en ese tiempo había muchos "apagones" así le dicen cuando se interrumpe el servicio eléctrico, pues no teníamos servicios de electricidad por veinticuatro horas, los siete días de la semana en la comunidad, así que estábamos sin el servicio eléctrico, ni generador de energía, tampoco inversor, la mayoría de los residentes del barrio tenían que usar lámparas de gas, baterías o velas de cera para alumbrar sus hogares, no sabíamos cuando volvería el servicio eléctrico, debió ser la estación de invierno porque todavía era temprano pero ya estaba muy oscuro, posiblemente entre las 6:30PM - 7:00PM. Recuerdo que a los niños nos encantaba jugar a las escondidas cuando las noches estaban bastante oscuras.

En noches de luna llena, preferíamos salir a jugar o hacer historias, y cuentos sentándonos al aire libre, en el frente de la casa o en el patio trasero.

Mi hermana mayor vivía a tres casas de distancia, aunque la calle no se veía bien por la oscuridad, yo sabía muy bien el camino, podía llegar con los ojos cerrados, solo tenía que pasar dos casas a lo largo del camino, que dicho sea de paso, tenía arbustos en ambos lados, pues en ese tiempo los padres de familias cercaban sus propiedades con paredes que se formaban con los arbustos que ellos sembraban, uno al lado del otro, en secuencia alrededor de sus casas, muchos de ellos cercaban con alambres metálicos antes de plantar los arbustos… En fin, decidí salir sin decirle nada a nadie, algo que yo no acostumbraba a hacer pues, mis padres, siempre nos enseñaron que debíamos pedir permiso antes de salir a cualquier hora, aunque sea a visitar a mi hermana que estaba tan cerca. Yo pensé que no me iban a dar permiso porque ya era de noche, así que decidí salir sin decir nada, de todos modos, estaba oscuro y tal vez nadie lo iba a notar, pues había otros niños en mi casa, y yo de todos modos estaba en casa de mi hermana antes de que oscureciera, tal vez pensarían que todavía yo estaba allá - Pensé yo.

Mientras iba de camino a casa de mi hermana, luego de pasar la primera casa en donde el camino hace una curva y no se podía ver desde mi casa quien iba en el camino sea de noche o sea de día, la visibilidad en la esquina del lado izquierdo era prácticamente un punto ciego, y especialmente de noche, mientras caminaba en el camino oscuro; noté que alguien pasaba por mi lado en el camino, era un hombre muy alto, cuando pasó por mi lado y me vio, se me acercó por detrás y agarrándome, me aplicó una llave; con una mano me agarraba mis manos, sentía sus manos muy grandes agarrándome mis dos manos frente al pecho, con la otra mano me tapó la boca y con sus pies, entrelazó mis pies, prácticamente me inmovilizó y me arrastraba hacia los arbustos donde podía escondernos fácilmente sin que nadie nos viera, en ese momento mi corazón se aceleró, traté de gritar pero aquel hombre era mucho más fuerte que yo; y con mi boca amordazada con su mano, yo no pude gritar, entonces me acordé de la "Oración de Flecha" y lancé un clamor a Dios en mi mente para que me librara; y me perdonara por desobedecer a mis padres, en ese momento sentí que de repente, aquel hombre se espantó, yo no sabía porque reaccionó con espantado; pero me soltó, y salió corriendo con unos gritos como si estuviera asustado, no lo pude identificar, no pude verle la cara porque estaba muy oscura la noche. En ese tiempo, se escuchaban los rumores de que se habían encontrado niñas violadas y muertas, yo recordé esto y salí corriendo a mi casa; desde ese momento, nunca se me olvidó pedir permiso o dejar saber a dónde iba cuando salía ¡Bendito y alabado sea el nombre de Dios!

"El Ángel de jehová acampa alrededor de los que le temen, y los defiende" Salmo 34:7

Viento de Dios que Trajo Provisión.

Era alrededor de las diez y media de la noche, veníamos de la iglesia de la ciudad, donde nos habíamos mudado; yo estaba embarazada; y tenía mi primera cita médica el día siguiente, en la mañana.

Moisés Francisco, mi esposo, de aquel entonces, era el conductor del auto en el cual estábamos, él era muy joven, al igual que yo, teníamos recursos financieros muy limitados, y poca experiencia en muchas áreas de la vida. En esos días yo le había dicho que necesitaba mil pesos para cubrir cualquier gasto inesperado en mi cita médica. Mientras el conducía el vehículo, se desvío de la ruta acostumbrada y entró por una comunidad de apartamentos, esto lo hacia el cada vez que necesitaba pensar un poco, conducía por la ruta más larga y esto le daba tiempo para pensar y llegar a alguna conclusión; entonces yo entendí, que no teníamos el dinero, yo miraba el firmamento por la ventanilla del vehículo, me sentía mal, los malestares del embarazo eran fuertes. Mientras miraba al cielo, oré a Dios por los mil pesos que necesitaba ¡Ah como si el Señor no lo supiera! -Pensé… pero igual le dejé saber al Señor como me sentía y mi necesidad.

 Yo oraba en silencio, pensé que en ese momento yo no podía llamar a nadie a esta hora que me pudiese prestar el dinero. No tenía teléfono móvil, y para cuando llegara a la casa, para usar el teléfono residencial ya sería mucho más tarde. Tampoco me gustaba pedir prestado a mis padres, pues al contrario, desde joven fui muy independiente, buscaba siempre algo en que trabajar a temprana edad, no porque mis padres me lo pedían, sino porque a mí me gustaba; aunque no laboraba como empleada; yo era muy emprendedora, siempre tuve un pequeño negocio de venta personal de algún servicio o producto; muchas veces le daba uso al reciclaje de envases, y sandalias plásticas para fabricar ornamentos los cuales vendía en la comunidad, además, con la ayuda de mi padre, pude tomar un pequeño préstamo, (el cual pague rápidamente) y comprar una máquina de coser, para fabricar, ropa, sabanas y cortinas, para vender, en fin... yo tenía iniciativa para crear recursos y laborar; pero esta vez mi embarazo me estaba dando muchos malestares y no había podio laborar en mis proyectos desde que contraje matrimonio, estábamos en una nueva ciudad, nueva comunidad, no conocía a nadie cercano que me pudiera ayudar, o alguien a quien yo le tuviera la suficiente confianza para acercarme a pedirle un pequeño préstamo.

Mientras seguíamos, nuestro camino a casa, nos quedamos en un profundo silencio, mientras tanto, yo miraba alrededor, las calles vacías, parecía que todos dormían en la comunidad, de repente llegó un viento fuerte, que se movía como las olas del mar, papeles y hojarascas volaban por los aires… Entonces vimos una página de papel periódico que llegó volando y se detuvo en el cristal delantero del auto, este papel se movía con el viento, al parecer se dobló en dos con el movimiento, pero no se movía de la superficie del parabrisas. El conductor trató de limpiarlo usando el limpiador automático del parabrisas, pero no pudo estaba atorado en el cristal delantero, frente al conductor, obstruyendo su visibilidad, y doblándose cada vez más con el movimiento del viento; así que el conductor se detuvo, a quitarlo con sus manos.

Una vez fuera del vehículo, el conductor quitó el papel que estaba atorado en el parabrisas y resultó ser nada más y nada menos que ¡Un billete de mil pesos! Cuando el conductor entró al vehículo, me dio el billete y me dijo: Ahí están los mil pesos, eso era lo que estaba atorado en el parabrisas.

Yo tomé el billete en mis manos y miré por todas partes, a través de las ventanas del auto, para asegurarme de que no se le hubiese caído a alguien que estaba por ahí cerca, pero no vimos a nadie; la calle estaba vacía éramos los únicos en toda la calle, volví a mirar por ambos lados de la calle; esta vez miré hacia arriba, para ver si tal vez el billete se le cayó a alguien que estaba sentado en un balcón de segundo o tercer nivel, y nosotros lo recibimos abajo; pero todos los apartamentos se veían cerrados y no había nadie en los balcones; entonces entendí que había sido un milagro; una petición específica y una respuesta específica,. Moisés supo inmediatamente que había sido un milagro; no había manera de que yo le hubiese hablado de mil pesos y de repente el viento nos trajera exactamente mil pesos, yo lo sabía; sabía que había sido un milagro; pero al mismo tiempo, estaba sorprendida de la respuesta tan espontánea que Nuestro Padre celestial había dado, pues con el proceso de malestares tan terribles que estaba pasando durante mi embarazo, no esperaba la respuesta tan rápida, los malestares del embarazo no desaparecieron hasta mucho después que nació mi hijo; pero le dimos gracias y gloria al Dios Todopoderoso, pues su gracia y su misericordia son nuevas cada día.

Muchas veces estamos pasando por algún momento de dolor, enfermedad, o cualquier otra situación, en mi caso eran esos malestares de embarazo continuos, lo que más me dolía.

Yo no sé qué situación difícil estas atravesando, en estos momentos, pero quiero decirte que no dejes que esa situación te distraiga y te impida ir a los pies del Señor para alabarlo, reconocer que Él es Todopoderoso, hablar con él y pedirle lo que necesites; puede que ya tengas mucho tiempo con esa situación y pienses que como no se ha resuelto esa situación, tal vez, pedir por algo diferente tampoco se vaya a responder; pero no es así. El Señor de Señores es Dios Todopoderoso, y Omnipresente; Él está atento y muchas veces pasamos por algunos procesos y nuestra fe es probada, pero no significa que no podemos orar y pedir por otras cosas o por otras personas, o que El Señor no nos está mirando o escuchando ; tenemos como ejemplo al apóstol Pablo, quien en 2 Corintios 12:2-10 menciona como él le ha pedido a Dios que le quite el aguijón que tenía, sin embargo, Dios le contestó *"bastante con mi gracia"* no obstante, el apóstol Pablo continuaba orando por otras cosas, las escrituras nos dicen en Hechos 19:11

"Y hacia Dios milagros extraordinarios por mano de Pablo"

Muchas veces una de nuestras peticiones no es contestada, pero hay otras que son contestadas; no debemos desanimarnos, o dejar de orar. En el evangelio según San Lucas 18:8 Jesús dio el ejemplo de aquella viuda que pedía justicia delante de un juez; todos los días hasta que un día el juez dio veredicto a su favor, esta parábola usó nuestro salvador Jesús para referirse a la persistencia de la oración.

Dicen las escrituras en 1 Tesalonicenses 5:17-

"Orar sin cesar. Dad gracias en todo…"

Es difícil dar gracias a Dios en tiempos de prueba, sin embargo, esto es un sacrificio de alabanzas que podemos dar a Dios, alabarlo cuando nuestra fe está siendo probada, en medio del dolor, es algo que únicamente nosotros los seres humanos podemos hacer mientras estemos en este mundo terrenal, pues una vez pasemos a nuestras moradas celestiales, no habrá dolor, ni llanto.

"Enjugará Dios toda lágrima de los ojos de ellos; y ya no habrá muerte; ni habrá más llanto, ni clamor, ni dolor, porque las primeras cosas pasaron" Apocalipsis 21:4

Debemos seguir orando y estar gozosos, Dios nos contestará, acuerdo a su voluntad, y en su tiempo perfecto. Toda la gloria sea para Dios. ¡Bendito y alabado sea su santo y glorioso nombre! ¡Aleluya! Amén.

Sanidad de una Madre

Tenía diecinueve años, estaba embarazada de mi primogénito, no tenía mucha experiencia con niños, a excepción de ser niñera de cuatro sobrinos a los que amaba como si fueran mis propios hijos.

Rompí fuente el día primero de enero, este es el día en el cual celebramos el Año Nuevo, era cerca de la medianoche, yo estaba de visita en casa de mi madre, no sentía mucho dolor, así que esperamos varias horas hasta que salió el Sol y fuimos al hospital local bien temprano en la mañana. Cuando el médico me examinó, determinó que era muy temprano para inducir mi labor de parto y decidió que debía estar en observación en casa y a la espera de aumento de contracciones, pues no tenía más de un cm de dilatación. Mi esposo, de aquel entonces, Moisés Francisco y yo decidimos quedarnos en casa de mi madre y bajo la observación del doctor cuyo hospital estaba situado a varios minutos del lugar. Pasó el día completo y cada vez que el médico me examinaba mi situación no cambiaba, no aumentaba más de un centímetro de dilatación.

Al día siguiente fui referida al hospital del centro de la ciudad donde me podían atender mejor en caso de que se necesitara una cesárea pues no estaban seguros de que fuera posible que se realizara la labor de parto natural.

Una vez en el hospital del centro de la ciudad, comenzaron a prepararme para mi labor de parto, mi cuerpo no respondía de la manera que los doctores esperaban aun con la administración de los medicamentos necesarios para aumentar mis contracciones, lo único que aumentaba eran mis dolores, siendo este el quinto día desde que rompí fuente, llegó un momento en el cual, en vez de aumentar, la dilatación comenzó a disminuir, no obstante los dolores eran muy intensos, nunca en mi vida había experimentado dolores semejantes.

Al ver esto los médicos decidieron realizar una cesárea de emergencia, pues en ese momento mi vida y la vida del bebé estaban en peligro.

Fui trasladada al quirófano dónde se me se realizó una cesárea de emergencia, bajo anestesia general. Cuando desperté estaba aislada en la unidad de cuidado intensivo, me sentía muy débil, mareada, tenía muchos tubos conectados a mi cuerpo, intenté sentarme, pero no tenía fuerzas para movilizar mi cuerpo, apenas podía abrir mis ojos, y mover mi cabeza un poco de un lado a otro, no vi a mi bebé; pero vi a un doctor sentado en una silla frente a mí.
-Dónde está mi bebé? le preguntaba insistentemente con una voz muy débil.
-El bebé está bien, muy saludable y pronto lo vamos a traer para que lo veas; pero antes debo decirte algo - Me dijo el doctor, mirándome como con pena.

-Dígame, sea breve por favor quiero ver a mi bebé.

Entonces el doctor me explicó que yo estaba en la unidad de cuidados intensivos (UCI) debido a que mi cesárea se complicó; aunque mi hijo había nacido perfectamente y muy saludable durante la cesárea yo tuve una hemorragia interna, por lo cual perdí mucha sangre, por eso me sentía tan débil, me dijo que para asegurarse de limpiar bien mi cuerpo interiormente, los doctores se vieron obligados a sacar algunos de mis órganos internos, los cuales fueron muy difíciles de volver a colocar en mi cuerpo luego de haber sido removidos porque no se querían ajustar a su posición original. Esto causo más complicaciones y la pérdida de sangre por la hemorragia fue letal.

Aparentemente yo tenía muy pocas posibilidades de despertar de aquella cirugía, pero desperté.

Estuve sujeta a transfusión sanguínea, no obstante, mi cuerpo rechazaba la sangre durante el proceso de transfusión.

El doctor me dijo que yo estaba en una situación muy crítica, aunque no pareciera en cualquier momento podría tener un paro cardíaco o cualquier otra situación, también me dijo que la mayoría de las mujeres que han pasado por una hemorragia interna de esa índole, no sobreviven bajo esas circunstancias.

Yo sentía un dolor muy intenso en mi abdomen y en mi vientre que llegaba hasta el pecho, y el esternón, pero en mi mente el deseo de ver a mi hijo era imperante, así que insistí en que quería ver a mi hijo, y aunque estaba un poco sorprendida por la declaración del médico, no lo pensé mucho, los dolores no me dejaban concentrar en nada.

Finalmente entró una enfermera a la sala con mi bebé en sus brazos y lo acercó a mi regazo para que lo viera por primera vez, era el bebé más hermoso que había visto en toda mi vida idéntico al bebé de mi sueño; pues había soñado varios años antes de casarme que iba a tener un bebé, pero no recordaba tal sueño hasta que vi al niño por primera vez , yo supe en ese momento al recordar mi sueño, el por qué siempre desde temprana edad yo decía que en el futuro cuando me casara iba a tener un primogénito varón… En fin, sólo pude tener a mi hijo en mi regazo por pocos minutos con la asistencia de la enfermera, mi cuerpo estaba conectado a tantos tubos y era tan débil movilizarme que no podía alimentarlo y mucho menos cuidar de él; así que mi esposo y mi hermana recibieron al bebe y lo llevaron a casa de mis padres para cuidarlo mientras yo permanecía en cuidados intensivos, mi esposo se iba a trabajar y me visitaba como podía. El se iba a desahogar su dolor a otro lugar donde yo no lo viera.

En aquel tiempo, no se permitía tener familiares por largo tiempo en la unidad de cuidados intensivos. Pero teníamos una enfermera de cabecera.

Cada día que pasaba mi estómago y todo mi cuerpo me dolía más, se inflamaba más y se agregaba otra complicación a mi condición, estaba anémica debido a la pérdida de sangre, un día comencé a convulsionar, se me subió la temperatura tan alta, que la enfermera que estaba observándome se asombró y llamo al doctor de emergencia, me aplicaron los medicamentos, me mojaron todo mi cuerpo desde la cabeza hasta los pies sin moverme de la cama, ahí acostada porque mi cuerpo temblaba sin control, cada vez que me aplicaban el medicamento de manera intravenosa sentía que me quemaban las venas, sentía como un fuego doloroso que ardía mientras hacía su recorrido por todas mis arterias.

Me realizaron varios estudios radiografías, sonografías, pruebas de laboratorio y otros, fui diagnosticada con varias complicaciones, pero la mayor fue obstrucción intestinal.

Tenía más de una semana en la unidad de cuidados intensivos y los médicos informaron a mi familia que había que realizar una cirugía la cual me daba muy pocas posibilidades de sobrevivir porque mi cuerpo estaba muy débil y no tenía la resistencia necesaria para sobrevivir otra cirugía, tanto que la herida de la cesaría se abrió por sí misma, pero era asunto de tratar por última vez, o dejarme morir en dolor.

Mi cuerpo tampoco estaba respondiendo a los medicamentos.

Esta sería una operación de vida o muerte y que debía realizarse lo más pronto posible.

El dolor cada vez estaba más intenso y mi vientre cada vez más inflamado. Recuerdo escuchar la conversaciones de los médicos mientras yo estaba en cama con mis ojos cerrados, yo no tenía fuerzas para hablar, ellos pensaban que yo no escuchaba, que estaba inconsciente pero yo muchas veces escuchaba sus conversaciones y trataba de abrir los ojos de vez en cuando, yo no podía abrir mis ojos completamente porque no tenía fuerzas, pero alcancé a ver los doctores reunidos en una esquina de la habitación, conversando como si yo no estuviera ahí, ellos no pensaban que yo iba a sobrevivir la cirugía, salieron y me dejaron sola en aquella habitación, entonces ese día hice una oración, ese día era el día antes de la operación, yo hablé con Dios y me rendí completamente a su voluntad, le pedí que si había algo de lo cual yo debería arrepentirme y no recordaba por favor que me perdonara y aunque yo no recordé nada en especial ese preciso instante, le pedí perdón a Dios por si hubiese cometido algún pecado, le pedí perdón por si en algún caso yo haya ofendido a alguien, y también le dije que si era su voluntad de cortarme de este mundo yo no me resistiría lo único que pedía y que sabía que él podía hacer, era cuidar de mi bebé que tenía tan poco tiempo de haber llegado a este mundo, que supla de alguien que lo cuide y lo crie con amor y que le enseñe del temor de Dios; también que cuidara de mi madre especialmente, después de mi hijo, ella era mi mayor preocupación, decidí entregarle todas mis preocupaciones a Dios y orar por todos los que llegaban a mi mente mientras estaba en medio del dolor y prácticamente en mi lecho de muerte. Le pedí a Dios que les diera conformidad y fuerza a todos mis familiares.

También le pedí que, si él decidía sanarme y dejarme vivir que por favor sea una extensión de vida de calidad y no como el rey Ezequías el cual, según las escrituras se enfermó para morir, pero él no quería morir y cuando Dios lo dejo vivir; este no tuvo una vida de disfrute, pues sabia Dios de lo que Él quería librarle con la muerte. Ver Isaías capítulo 38; 2 Crónicas 32:24, 2 Reyes 20 fue un momento de rendimiento total a la voluntad de Dios para mi vida, pues yo entendía que solo iba a morir una vez a mi cuerpo terrenal, pero que no iba a sufrir otra muerte porque iba a estar en descanso con Dios y al final, eso es lo que todos queremos; estar en el reino de los cielos entonces si él me libraba del dolor en el cual yo estaba para estar en el reino celestial con nuestro Señor y salvador Jesucristo, yo estaba confiada en que Dios se iba a encargar de mi bebé y de mi madre, Dios se iba a encargar de todo.

Sentí que me entregué en los brazos de mi Padre Celestial, al que tanto yo oraba en mi lugar secreto, el que sentía que me abrazaba cuando yo iba y derramaba mi corazón en oración, desde niña, ya no iba a tener dolor; si Dios decidía sanarme era para vivir en Cristo y si decidía llevarme de este mundo ese día, sería ganancia para mí. Me acordé de lo que dicen las escrituras en Filipenses 1:21

" Porque para mí el vivir es Cristo, y el morir es ganancia"

Fue una conversación totalmente honesta, con un corazón entregado totalmente a la voluntad del padre y sin temor a la muerte.

Mientras yo oraba, alguien entró a mi cuarto, pensé que era otro doctor, estaba vestido de blanco era muy alto, yo no podía ni siquiera ver su rostro de tan alto que era, pero le miraba bien desde sus calzados hasta sus hombros; era todo resplandeciente, yo estaba inmóvil en la cama, él se acercó al lado de la cama y me extendió su mano me dijo "vamos" yo muy confiada le pasé mi mano y él me tomó de la mano y me levantó; yo me levante sin dolor, era un estado de paz inexplicable, yo le seguí e íbamos uno al lado del otro. En ese momento entendí que él no era un doctor del hospital. Yo sentía como quien subía un elevador, que iba a una velocidad inmensa hacia arriba por un túnel, él seguía a mi lado, yo disfrutaba su presencia sin miedo, y muy confiada en él, mientras seguíamos ascendiendo, miré hacia abajo, el me mostró mi cuerpo inmóvil en la cama, con todos los tubos que todavía estaban conectados a mi cuerpo que estaba postrado en la cama, yo me veía como si estuviera durmiendo, luego me mostró a mi bebé, hermoso, muy saludable, contento, moviéndose y sonriéndose, como hacen todos los bebes felices, luego me mostró a mi madre ella estaba de rodilla orando y lloraba derramando su corazón delante de Dios, me dio a entender que mi madre estaba en ayuno y oración, me hablaba sin palabras, nos comunicábamos sin abrir la boca; el sabia mis pensamientos y yo sabía lo que él me decía, luego me mostró a mi padre que estaba en oración, él se veía de semblante fuerte aunque triste, luego me mostró a mi esposo, el padre de mi hijo, este estaba sentado llorando con su cabeza agarrada inclinada hacia abajo y muy triste, había mucho dolor y tristeza en su alma.

El me mostraba lo que estaba aconteciendo en diferentes lugares a la misma hora, mientras mi cuerpo todavía estaba inmóvil en la cama.

Yo seguía ascendiendo con él por aquel túnel donde solo sentía paz, el me mostraba toda el área en general como se ve desde una nave aérea que despega y va subiendo hacia el cielo, después de haberme mostrado estas cosas, sentí que nos detuvimos y me dijo:

"Tenemos que regresar" y en ese momento sentí que volví a mi cuerpo y abrí los ojos, estaba en la cama, ¡sin dolor sin inflamación, sin obstrucción y totalmente sana para la gloria de Dios! ¡Aleluya!

Vi a mi enfermera de cabecera que salía de la habitación de UCI, de una manera apresurada, parecía preocupada, yo traté de llamarla, pero ella no me escuchó. Yo sentí la necesidad de ir al baño; pero no sabía dónde estaba, así que me levanté de la cama agarré todos los tubos con mis manos y trate de seguir a la enfermera, cuando salí a la puerta del cuarto, he aquí una de mis hermanas "Isa" que venía a visitarme, cuando ella me vio se asombró y me preguntó cómo me pude poner de pie, pues ella sabía que tenía muchos días que no me podía sentar, ni siquiera levantar la cabeza, le dije que yo me sentía bien y sana, que Dios me curó, pero necesitaba ir al baño y también sentía un hambre inmensa, le dije que de camino, me tomé un jugo de fruta que había en la mesa al lado de la cama de UCI porque el hambre era tremenda, y me supo delicioso, pero aun sentía hambre, así que pedí algo de comer. Además, le pedí que me trajera algunos productos de cuidado personal como jabón, pasta dental, loción para el cuerpo, mi piel olía a medicamentos y yo estaba lista para bañarme, perfumarme y comer bien. Ella y todos los demás doctores pensaron que yo estaba delirando. Después de todo ¿Quién pide estas cosas estando en la unidad de cuidados intensivos debatiéndose entre la vida y la muerte?

Al volver del baño encontramos la enfermera que me estaba buscando, los doctores me volvieron a revisar, llamaron al cirujano y él decidió chequearme él mismo también y revisarme antes del procedimiento cuando me revisaron estuvieron sorprendidos porque todos mis estudios anteriores decían que yo tenía una obstrucción en el intestino y otras complicaciones, más ellos no me encontraban nada y tampoco tenía dolor, se fueron todos los síntomas, mi semblante había cambiado, me veía mucho mejor. Entonces me realizaron nuevos estudios y estos estudios salieron negativos, yo no tenía absolutamente nada, Dios me había sanado ¡Aleluya! así que se canceló la cirugía me cambiaron para otra habitación donde pasé varias semanas bajo observación, por lo tanto, el primer mes de la vida de mi hijo yo no pude estar con él por estar instalada en el hospital, pero de ahí en adelante pude atenderlo y Dios me dio la bendición de criar a mi hijo, verlo crecer, formar una familia, tener hijos para la Gloria y la honra de Dios. ¡Bendito y alabado sea su nombre para siempre! ¡Amen!

Las oraciones de intersección movieron el Corazón de Dios, y dieron un giro a mi vida en ese momento tan crítico. La oración de fe mueve montañas. En mi rendimiento total a Dios, yo estaba haciendo escoltada por el Ángel de Dios hacia las alturas; reconociendo que estar con Él era lo más importante para mí; y confiando que Él se encargaría de todo lo demás incluyendo mi hijo y mi familia, y que nadie más que Él sabe lo que ha de venir. Fue un rendimiento total y sin reservas a la voluntad de Dios. ¡Gloria a Dios! ¡Alabado sea su santo y bendito nombre! ¡Aleluya! Amen.

Oracion:

Padre Celestial, hoy me rindo a ti; te entrego todo mi ser; mi espíritu, mi alma y cuerpo; Señor bueno y santo, que nada me importe, más que estar en tu presencia, complacerte y deleitarme en tu hermosura, en el nombre de Jesús. ¡Amén!

Protección en accidente

En una ocasión, estando divorciada del padre de mi hijo, como madre soltera, llegó un momento en el cual, entre los afanes de la vida, me enfrié, sentía que Dios estaba ahí para mí; siempre supliendo mis necesidades, pero yo no estaba siempre disponible para El, yo estaba muy ocupada, dedicada a trabajar a todas horas y a cuidar de mi hijo…envuelta totalmente los afanes de la vida.

Un día lluvioso, mientras me dirigía a mi trabajo conduciendo mi vehículo (Una Jeepeta extra larga, como le llaman los dominicanos a las SUV) cuando iba por una calle que tenía una curva bastante cerrada, tuve un accidente en donde perdí el control del vehículo, debido a un hoyo que había en la calle, este hoyo estaba cubierto con agua, la calle quedaba frente a una construcción…en fin, caí en el hoyo que estaba profundo y perdí el control del vehículo, por el lado izquierdo estaban los vehículos de la vía contraria, y a mi derecha una pared en construcción, giré el volante hacia el lado derecho por donde estaba la pared, tratando de parquear el vehículo en un pequeño espacio que había entre la pared y la calle, pero estaba demasiado resbaloso; terminé chocando y demoliendo la pared de concreto, pero mientras todo esto pasaba, hice un clamor a Dios en cuestión de segundos, clamé en mi mente por mí, y por mi hijo que en esos momentos tenía aproximadamente diez años.

Todo paso muy rápido, El Señor me presentó a mi hijo durante la oración mientras pasaba el accidente, y tuve paz. Mientras sucedía el accidente, en el momento en el que perdí el control del vehículo, yo sentí que el vehículo giraba, en círculos como dentro de un torbellino oscuro. El vehículo se detuvo finalmente con el impacto y quedó destruido totalmente desde el frente hasta la mitad, su chasis doblado por la mitad comenzó a humear parecía que se iba a encender en llamas. Varios conductores de los vehículos que pasaban por la calle, y la gente que estaban cerca y presenciaron el accidente, corrieron a auxiliarme, pensaron que el conductor del vehículo había muerto, sin embargo, yo había salido del vehículo rápidamente agarrando mi computadora portátil y mi biblia, pues me acostumbré a llevar mi biblia siempre en el auto, aunque pasara mucho tiempo sin leerla; en ese momento había mucha gente, tratando de abrir la puerta del conductor y del pasajero delantero del carro, además estaban tratando de desconectar los cables para que el vehículo no se incendiara, buscaban al conductor por todos lados, pensaban que yo era un pasajero de alguno de esos vehículos que se detuvieron a ayudar ¿puede ser? No sabían quién era yo, lograron desconectar los cables, apagar el humo, y apagar las chispas de fuego; cuando yo salí, la gente no se percató de que yo iba conduciendo el vehículo, me vieron intacta, sin ningún hueso roto, ni heridas, ellos preguntaban:

-. ¿Dónde está el conductor del vehículo? ¡Abrimos la puerta del frente y no está! Buscamos debajo del vehículo y tampoco esta. ¿Como desapareció? yo les dije "yo soy la conductora" nadie podía creer que yo era quien conducía y que había salido intacta del accidente.

Uno de los jóvenes que se había detenido su moto para ayudar, me dijo" Esto no es casualidad, sino oportunidad" él se arrodilló con rostro a tierra, y le dimos gracias a Dios, luego se fueron todos, pero quedaron atónitos de verme intacta sin un rasguño.

Ese día yo me reconcilié con Dios, decidí cambiar mi trabajo y buscar una iglesia local para asistir, estaba laborando en el este de la Rep. Dom. y se tomaba entre seis a siete horas de recorrido en auto o autobús para llegar a visitar a mis padres y familiares, yo había dejado a mi hijo con mis padres en la iglesia, para ir a laborar en aquel pueblo lejano, por algunos meses, trabajaba veintiún días y lo visitaba por nueve días cada mes mientras se cumplían los aproximadamente cuatro meses del acuerdo de mi trabajo, no existía la ruta turística que tiene el país hoy día, y las calles estaban en muy mal estado.

Dios nunca nos abandona, aunque nosotros nos alejemos, Él siempre está a nuestro lado, siempre está a la puerta, esperando que nosotros le dejemos entrar. Él quiere estar con nosotros y tener una relación íntima con nosotros. Él nos quiere ayudar y guiar. Él nos ama, entrañablemente.

Para clamar a Dios no tienes que esperar a estar bien en todas las áreas de tu vida; acude a Dios en tu condición actual; no importa la condición en la que estes, Él te recibe y te perdona todos tus pecados; como si nunca hubieran existido, todo lo que necesitas es invitarlo a tu corazón; rendirte a Jesús por completo, y reconocerlo como tu único y suficiente salvador. Toda la gloria es de Dios. ¡Alabado sea su santo y bendito nombre! ¡Aleluya! Amen.

"Venid luego, dice Jehová, y estemos a cuenta: si vuestros pecados fueren como la grana, como la nieve serán emblanquecidos; si fueren rojos como el carmesí, vendrán a ser como blanca lana" Isaías 1:18

El Pago de una factura

Yo estaba embarazada de mi hija menor, no estábamos en nuestra mejor situación financiera, mi esposo, Michael Burt, se había cansado de trabajar por temporadas como contratista, meses antes de casarnos,

y habíamos estado orando por un empleo que le permitiera estar más estable económicamente; y que además le permitiera estar presente en el hogar, ya que tenía que viajar mucho como contratista y a él ya no le interesaba viajar tanto, sino trabajar desde la casa. Dios respondió nuestra petición, y él consiguió el trabajo que deseábamos.
Después que nació mi hija, mi esposo iba a tener un año trabajando en la empresa como empleado de tiempo completo. Estábamos muy agradecidos de Dios por la gracia de habernos permitido tener una hija sana y de haber me permitido salir bien de mi labor de parto.

Estuve una semana en el hospital, después del parto, bajo observación, ellos querían asegurarse de que todo estuviera bien después de la cesárea. Me trataron como a una reina. No obstante, aunque teníamos uno de los mejores seguros médicos, por medio del trabajo de mi esposo, recibimos una factura del hospital que ascendía cerca de diez mil dólares, esto solo como deducible, y era nuestra responsabilidad pagar esta cantidad de nuestro bolsillo. ¡Y vaya! ¡El bolsillo estaba prácticamente vacío!

En aquel tiempo estábamos tratando de salir adelante usando el salario de mi esposo para cubrir todos los gastos y deudas anteriores, que habían sido adquiridas por mi esposo mucho antes de casarnos; yo no podía trabajar porque tuve un embarazo complicado y sentía muchos malestares, por otro lado, teníamos a mi hijo mayor en la casa y siendo el un adolescente estudiante en la escuela intermedia, entendíamos que mi hijo al igual que la bebé que solo tenía varias semanas de haber nacido, él también era un niño que necesitaba atención.
No obstante, reconociendo, lo que dicen las escritura que Dios suplirá todo lo que nos falta conforme a sus riquezas en gloria, en Cristo Jesús (Filipenses 4:19)

Decidimos orar para que Dios supla el dinero de pagar la factura que tenía como fecha de vencimiento el mes siguiente. Un par de días más tarde mi esposo, Michael, me llama a su oficina para decirme que le habían llamado de su trabajo para comunicarle que ese año la empresa había decidido implementar un bono anual para los trabajadores y que iba a ser distribuido dependiendo del desenvolvimiento de cada empleado en su trabajo. Michael siempre ha sido un hombre muy trabajador y dedicado en todo, especialmente su familia, entonces le pregunté ¿Cuánto te toca a ti de esos fondos? ¡Para nuestra grata sorpresa, la cantidad neta que le iban a otorgar a mi esposo era exactamente la cantidad de la factura que debíamos pagar al hospital! Inmediatamente, supimos que esto no era coincidencia, sino la respuesta de Dios a nuestra oración.

No hay nada difícil para Dios, recordemos que Él es nuestro creador y que, si pedimos con fe, en el nombre de Jesús, el promete que lo hará. Léase Juan 14:13 Dios conoce nuestras necesidades, pero Él quiere que le pidamos y que tengamos una conversación con El, Dios quiere tener una relación íntima con nosotros, consolarnos si estamos tristes y darnos gozo, aunque no haya razón para celebrar, esto es por medio de su Espíritu Santo.

"Más el consolador, el Espíritu Santo, a quien en el padre enviará en mi nombre, él os enseñará todas las cosas, y os recordará todo lo que os he dicho. La Paz os dejo, mi paz os doy; yo no os la doy como el mundo la da. No se turbe vuestro corazón, ni tenga miedo." Juan 14:26-27

si no eres muy dedicado a la oración, comienza a sacar de tu tiempo para orar, te recomiendo comenzar la oración agradeciendo por todo lo bueno que Dios ha permitido en tu vida, siempre hay algo positivo que agradecer, ¡hasta la facultad de respirar es una bendición! Pidamos por lo que sea que necesitemos, especialmente necesidades básicas, Michael y yo hemos orado por muebles y hemos recibido literalmente muebles, por ruedas de gomas para el carro… entre otros. Esto no significa que obtendremos todo lo que pedimos, sin que tal vez, lo necesitamos, no me refiero a pedir caprichos, pues Dios es buen Padre y a sus hijos disciplina, como dicen las escrituras en Proverbios 3:12

"Porque Jehová al que ama castiga, como el padre al hijo a quien quiere"

Si todos los castigos fueran como no recibir algo que nos empeñamos en tener solo por antojo, o movernos de la posición que no supimos valorar o administrar, bendito sea Dios por la disciplina.

No obstante, si no sabes cómo comenzar a orar la primera oración que recomiendo siempre para comenzar el día es "El Padre Nuestro" es una oración completa, el modelo de oración que nuestro Señor y salvador Jesucristo nos dejó como ejemplo, si analizamos el Padre nuestro lleva todas las herramientas para estar en comunión con Dios Padre, Hijo y Espíritu Santo.

Una vez hayamos bendecido, agradecido a Dios, al arrepentirnos, pedir perdón y perdonar, de todo corazón, podemos pedir, acorde a su voluntad, todo lo que necesitamos en el nombre de Jesús.

¿Has perdonado a quien te ofendió, como quieres que Dios mismo te perdone?

Entonces podemos seguir orando durante el día, no te conformes con una sola oración. Dios quiere escuchar de ti, que te accrques al trono de gracias y le hables como un hijo le hablaría a un padre al cual ama, cuéntale todo lo que te ha pasado en el día, tus preocupaciones, déjale tu carga sobre sus hombros, derrama tu corazón delante de Él. Dios sabe lo que te ha pasado, Él sabe por la situación que estás atravesando no obstante Él quiere escuchar de ti, Él quiere que le hables y que le pidas. Si sientes deseos de llorar de frustración, no desperdicies tus lágrimas, derrámalas delante del Padre celestial, Él te ama entrañablemente, y tus lagrimas moverán su corazón. ¡Gloria a Dios! ¡Aleluya! Amen.

Un Hogar Bendecido

Mi esposo, Michael Burt, y yo pensamos en comprar nuestra primera casa familiar, pensábamos que no íbamos a calificar para un préstamo hipotecario, pues no teníamos con que pagar un inicial satisfactorio, en un mercado inmobiliario en donde la

demanda era mucho más alta que la oferta, para entonces, los compradores estaban ofreciendo un precio mucho más alto de lo que se estaban tasando las propiedades , no podíamos competir con tal demanda y mucho menos podíamos pagar altos costos de cierre, no era nuestro mejor momento financiero, mi hija apenas tenía cerca de dos años de edad; todavía teníamos muchas deudas que en su mayoría se habían adquirido antes del matrimonio; estuvimos visitando diferentes lugares en busca de una ciudad donde nos podríamos identificar más con el clima, el sistema administrativo que regía la ciudad, y que además fuera un buen lugar para criar y ver crecer a nuestros hijos.
En ese entonces vivíamos en una casa rentada.

Michael habló con su banco, y sorpresivamente nos dijeron que podíamos calificar si conseguíamos una propiedad en donde acepten un préstamo sin pago de inicial, haciendo un pequeño deposito, pero debíamos pagar el costo de cierre, y este costo podrían ser bastante elevados, entonces tuvimos esperanza y salimos a mirar propiedades, sin embargo era como que a Dios no le parecía que nos fuéramos tan lejos de ese lugar en donde estábamos ese momento, porque no encontrábamos la casa que fuera ideal, y cada día el mercado inmobiliario se tornaba peor para nosotros, pues cada día más compradores salían a comprar y había menos inventario; cada vez más se alejaba la oportunidad para nosotros. Sentíamos que todas las puertas se estaban cerrando como si nuestras oraciones al respecto no estaban siendo contestadas.

En un momento fuimos a ver una casa que a mi esposo le gustó mucho, a mí no me gustó tanto, pero estaba decidida a estar de acuerdo con cualquier casa que a él le gustara, el vendedor de la propiedad ya había recibido otras ofertas; pero tenía una fecha establecida, para en varios días elegir una de todas las ofertas recibidas. A Michael le gustaba mucho la propiedad, así que decidió entrar a competir ofreciendo un precio de compra mucho más alto que el precio de venta pedido por el vendedor, al final esto era la práctica de la mayoría de los compradores en ese momento. Con la intensión de conseguir el prestamos hipotecario que cubriera tal cantidad. Yo no estaba muy convencida, sin embargo, acepté su idea e instruimos a nuestra agente de bienes raíces para proceder a someter nuestra oferta de compra al vendedor, sin embargo, cuando salimos de dicha propiedad, de camino a nuestra casa nos desviamos de la ruta acostumbrada, y pasamos por un nuevo vecindario en el cual todavía se estaban construyendo algunas casas; mi esposo sintió la inquietud de entrar a la oficina para mirar la casa modelo y obtener más información. Yo me quedé sentada en el carro, no tenia deseos de salir a ver nada más, pero Michael insistió así que accedí a entrar, hice una oración para que Dios nos guiara a la propiedad correcta si es que la que habíamos visto anteriormente no era conveniente, pues yo no me sentía totalmente segura de ello, aunque estaba dispuesta a aceptarla, así que entramos a la oficina que estaba en el garaje y nos recibió el agente de venta, el cual nos dio instrucciones para que entremos a ver la propiedad.

Procedimos a entrar a la sala y subir la escalera para ver las habitaciones que estaban en el segundo nivel, cuando llegamos a la habitación principal sentí la presencia de Dios sobre mí de una manera poderosa, como un manto que me cubrió desde la cabeza hasta los pies, entonces tuve una visión en la cual Dios me mostró a mi familia en esta casa, El Señor me mostró cada rincón de la casa sin moverme del cuarto en donde estaba, ¡Pero yo nunca había estado ahí! Michael miró mi semblante y me pregunto que me pasaba, porque me sentí desfallecer por un instante, aunque no me desmaye, yo estaba de pie, y mi espalda contra la pared, en la cual me apoyé cuando sentí mis rodillas débiles por un instante. No recordaba haber estado en esa situación anteriormente. Michael me sostuvo del brazo. Le dije lo que había visto en mi visión, entonces él me dijo, Dios nos ha hablado y debemos obedecer, Voy a llamar a nuestra agente de bienes raíces y decirle que cancele la oferta que pensábamos enviar a la casa anterior. Yo le dije si esta es la casa que Dios quiere para nosotros, entonces vamos a pedir a

Dios que nos facilité todo acorde a su voluntad, pues en este momento únicamente teníamos un buen crédito, no teníamos dinero, ni ahorros, vivíamos trabajando para pagar gastos.

Fuimos a preguntar al agente de ventas, este nos dijo que solo quedaban dos casas en toda la comunidad, de las dos había una idéntica a la que habíamos visto; esta recién había salido al mercado porque alguien la trató de comprar pero no pudo seguir con el contrato, y debía ser terminada para el próximo mes, preguntamos si podríamos usar un préstamo para veteranos sin pago de inicial al banco, para comprar esa casa, el constructor nos dijo que aceptaría el tipo de préstamo, que solo separaríamos con mil dólares, los cuales nos devolvió a las dos semanas en compensación por agregar una semana a la fecha de cierre, debido a una reparación extra que se tuvo que realizar en la cocina por una avería que se encontró debajo de la fregadora de platos que dicho sea de paso, no estaba porque alguien se la llevó, y el constructor tenía que comprar otra para remplazarla, nos informaron que esto nunca había sucedido en la construcción; pero todo obró para bien (Romanos 8:28) porque además de que terminaron devolviéndonos los mil dólares de la reservación de la propiedad, también nos dieron una pequeña cantidad de dinero como incentivo para ayuda de comprar cualquier detalle de la casa o algún electrodoméstico que falte, (Solo faltaba la nevera y se compraba con menos de la mitad de la cantidad asignada) y como si fuera poco, además obtuvimos de parte de la compañía constructora una cantidad de dinero para cubrir los costos de cierre incluyendo los prepagos e impuestos.

Al mes siguiente se nos envió un cheque por el residuo de los fondos que la constructora nos dio como incentivo por la compra de la propiedad, y como si esto fuera poco, la fecha de pagar la hipoteca era dos meses después de habernos instalado en la casa.

En otras palabras, conseguimos una casa sin pagar inicial, ni depósito de reserva, y hasta nos pagaron incentivos, después de dos meses comenzamos a pagar la hipoteca que, dicho sea de paso, las cuotas eran más bajas que el pago de la renta mensual que estábamos pagábamos en la casa donde vivíamos anteriormente, la cual era una casa más pequeña.

Una vez instalados en nuestra nueva casa, decidimos abrir un hogar de cuidado infantil cristiano, estuve laborando en este por más de dos años. En este hogar los niños aprendían agilidades básicas, y el currículo preescolar en inglés y el idioma español. Un lugar donde los niños se sentían, amados, seguros y podían divertirse con actividades y juegos sanos, mientras aprendían la educación cristiana con valores, el respeto a Dios, y al prójimo, especialmente a sus padres, la familia, la sociedad en general. A los dos años, la casa subió de valor y pudimos usar la plusvalía para pagar la mayor parte de las deudas anteriores que teníamos desde antes de contraer matrimonio, haciendo un refinanciamiento, pues la tasa de interés bajo como nunca en la historia ¡Gloria a Dios! ¡Aleluya! Dios nos iba supliendo para cada necesidad como dicen las escrituras en Filipenses 4:19

"Mi Dios, pues, suplirá todo lo que os falta conforme a sus riquezas en Gloria en Cristo Jesús"

Después de esto, la casa también sirvió, por varios años, como bendición para otras familias que no podían comprar propiedad en ese momento.

Cuando El Señor nos permitió establecernos en otra área, llegado el tiempo de vender la casa, tuvimos varias ofertas, ninguna de las ofertas iniciales podía cubrir el monto que queríamos para saldar la hipoteca satisfactoriamente, y suplir las necesidades existentes, porque hubo una baja en la demanda del mercado inmobiliario, debido al COVID, que no había llegado al continente en donde estábamos, pero estaba comenzando a hacer estragos en otras partes del mundo, entonces hubo una pausa en el mercado, sin embargo, nos pusimos en oración, entonces, El Señor me mostró la familia que compraría la casa, era una pareja joven, tenían niños con canastas en sus manos, y estaban listos para recoger las frutas en el patio de la casa que teníamos en venta, se notaban muy felices; como hacían los niños que pertenecían al hogar de cuidado infantil cristiano cuando nosotros vivíamos en la casa, en años anteriores, pues yo solía darles canastas a los niños para que ellos recojan las frutas de los árboles del patio. Habíamos sembrado muchos árboles frutales o arbustos de muy baja estatura, para que los niños se divirtieran recogiendo frutos, como hacia mi papá en mi casa cuando yo era niña, el sembraba árboles frutales, de vegetales y tubérculos, mientras que a mi mamá le gustaba sembrar plantas ornamentales, y plantas de flores de diferentes especies y colores… El Espíritu Santo también nos dio una señal, la oferta vendría acompañada de una carta, en la cual esa familia expresaba por qué deseaban tanto adquirir esta casa, al día siguiente comenzaron a llegar las ofertas, cuando nos reunimos a revisar las ofertas, Michael me dijo que había una de ellas acompañada de una carta, supimos que esta era la correcta, y efectivamente, la carta venia de un matrimonio joven que tenía niños, y deseaban comprar su primer hogar, ellos manifestaron su interés, leyendo su carta, notamos que habían quedado maravillados con la casa y con los árboles frutales, y estaban dispuestos a pagar el precio completo que queríamos, y hasta sus niños firmaron la carta para nosotros, las demás ofertas no venían de familia con niños, y tampoco eran satisfactorias, pues no reunían los requisitos que pedíamos; de modo que se cerró la venta con esta familia, se pagó la hipoteca completa, se cubrieron las necesidades del momento, y la casa se convirtió en el hogar que aquella familia tanto había soñado.

Estoy muy agradecida de Dios, por mi esposo, Michael, que en el momento correcto supo escuchar y obedecer a Dios, pues, aunque al principio, a el le gustaba otra casa, prefirió comprar la casa que Dios nos indicó, por lo tanto, fuimos bendecidos y pudimos bendecir a otros con esa casa.
Aunque todas las puertas parezcan cerrase en algún momento de nuestras vidas no

debemos desesperarnos, podemos descansar seguros en que Dios solo cierra las puertas cuando él quiere abrir otra y traer una mejor oportunidad para nosotros, o cuando Él quiere que esperemos su tiempo perfecto, recordemos lo que dicen las escrituras en Romanos 8:28

"Y sabemos que a los que aman a Dios, todas las cosas les ayudan a bien, esto es, a los que conforme a sus propósitos son llamados"

¡Toda la gloria sea para Dios, Padre de Nuestro Señor Jesucristo! ¡Bendecida su gracia y su misericordia! Amen.

Sanidad de un brazo

Tuve un accidente en el baño de mi casa, un miércoles, mientras trataba de evitar que mi perrita se golpeara la cabeza con la tapa de un basurero, me volteé para alcanzarla y al extender el brazo, entonces me golpeé fuertemente en el brazo con la esquina de una pared que había detrás de mí; entre el Toilette y el lavamanos. El dolor era tan intenso que lo sentía desde mis dedos hasta el hombro, no podía mover el brazo sin sentir dolor. Era de noche así que me tomé un calmante pensando que al día siguiente despertaría sin dolor. Para mi sorpresa el dolor no me dejó dormir esa noche, el brazo seguía doliéndome constantemente, no podía mover el brazo sin sentir dolor punzante especialmente en el hombro, sentía como si clavos estuviesen entrando dentro de mi hombro cada vez que intentaba mover cualquier parte del brazo.

Fui al doctor para checarme el brazo, no estaba roto, pero tenía que hacer cita con el medico ortopeda para dar seguimiento, pues los médicos no encontraban la raíz del dolor al menos que viniera de los nervios conectados a la espina vertebral, cerca del cuello, eso me dijo el ultimo médico que visité.

Era viernes cuando el médico me pudo atender y el siguiente lunes tenía que salir temprano al aeropuerto para tomar vuelo a la Rep. Dom. Planeaba una estadía de veintiún días para ir a visitar a mi padre, él ya estaba en sus noventa y tantos años, se le había diagnosticado Alzheimer; su memoria se había desgastado, según los médicos, esto fue debido a su edad, él olvidaba muchas cosas, entre ellas quienes eran sus familiares, lo interesante es que el nunca olvidaba quien era el mismo o quien era su Dios, tampoco olvidaba su rutina de orar y leer la biblia a la misma hora todos los días.

Decidí irme a la Rep. Dom. y hacer cita con un médico Ortopeda que conocía allá y que había operado a uno de mis familiares anteriormente con excelentes resultados. De todos modos, no tenía tiempo para hacerlo en E.U, antes del viaje, tomando los medicamentos para el dolor y manteniendo el brazo sin mover, podía resistir sin ir a emergencias.

Preparé un equipaje en una maleta bastante pequeña y con ruedas, que pudiera cargar con una mano, mientras tomaba calmantes para el dolor en alta dosis, tres veces al día.

Desde que llegué a la casa de mi padre, me propuse orar todas las noches con el antes de irnos a la cama, yo iba a su habitación todas las noches para leer la biblia y orar juntos. Él me dijo que cstaba escribiendo oraciones en un cuaderno porque no quería olvidar ciertos detalles cuando oraba. Me pidió que hiciéramos una de las oraciones que él había escrito.

Está bien-le dije, noté que muchas veces él no me recocía, pues me llamaba "Jovencita" en vez de llamarme por mi nombre o hija como me solía llamar, sin embargo, disfrutaba mi compañía, entonces pensé que no valía la pena decirle que me había lastimado un brazo ¿Para qué preocuparlo si de todos modos ya pronto tendría una cita con el médico? Y, además, él posiblemente no iba a recordar nada de lo que yo le dijera minutos más tarde.

La primera noche la pasamos muy bien, leyendo, orando y conversando acerca de los versículos que habíamos leído. También leí la oración que él me había

pedido que leyera. Después de haber leído la oración le dije:
"Muy bien, ya es hora de dormir" estoy cansada, voy a descansar, usted también debería tratar de descansar -Le dije.
 Luego le pedí la bendición como es costumbre en mi familia antes de acostarnos.

La noche siguiente realizamos la misma rutina; pero en la tercera noche cuando me iba a despedir para irme a acostar, el me pidió que le leyera otra oración de las que tenía escrita, la misma que le había leído anteriormente "Ok"-Le dije y comencé a leer la oración… Noté que el repetía la oración de memoria, lo que me sorprendió, por su pérdida de memoria; entonces me di cuenta de que la oración también incluía una petición de sanidad y un acto de alabanza por haber recibido sanidad por fe, en ese momento comencé a leer la oración de otra manera, ya no solo por leerla sino intencionalmente pidiendo sanidad por mi brazo, me toqué el brazo lastimado con la otra mano, y apliqué las palabras de la oración a mi brazo.
Mientras tanto mi padre seguía orando,

alabando y agradeciendo a Dios por la sanidad. Al final de la oración, que estaba escrita, tenía un párrafo donde se le daba toda la gloria a Dios, en el nombre de Jesús de Nazareth. ¡Amen!

Terminamos esa oración, mi padre me dijo que estaba cansado que se iba a acostar para hacer la última oración, yo me arrodillé al pie de la cama y puse mis manos sobre él para orar por él y hacer la oración de despedida por esa noche, entonces él me agarró la mano que había puesto sobre su cabeza y gentilmente, abrazándola con sus dos manos, se la puso en el pecho, del lado del corazón; yo al final de la oración abrí mis ojos y tuve la impresión de que el me estaba observando mientras yo oraba, pero él sonreía con sus ojos cerrados y en ese momento supe que aunque sea por varios minutos, él pudo reconocerme, y me llegó a la memoria aquella ocasión en la que Isaac bendijo a su hijo Jacob (Génesis:27) aunque en circunstancia distintas. Entonces le di las buenas noches, para irme a acostar a mi habitación, que quedaba cerca de la suya, la puerta de mi habitación estaba abierta, yo entré y me puse de pie al lado de la cama, lo primero que hice fue mirar hacia la mesa de noche para asegurarme de que tenía un vaso de agua y la tableta para calmar el dolor, yo me debía tomar una tableta cada noche para controlar el dolor mientras dormía, esto me ayudaba siempre y cuando, yo no moviera el brazo; sin embargo, en el momento en que yo me acerqué hacia la mesa de noche, sorpresivamente ¡El brazo que tenía lastimado y adolorido se estremeció e hizo una vibración repentina! mientras yo escuché un sonido crujiente en los huesos ¡El brazo se movió por sí mismo! sin que yo lo hubiese tratado de mover. Esto pasó muy rápido en cuestión de segundos, no me dolió, ni me sentí incomoda, al contrario, el dolor del brazo desapareció en ese instante, no había pasado más de aproximadamente un minuto desde que habíamos terminado de orar, así que alabé a Dios, supe que había recibido sanidad. Le envíe un mensaje a Michael, mi esposo, dejándole saber lo que había sucedido. Estaba muy agradecida de Dios ¡Bendito y alabado sea Dios Todopoderoso!

Sanidad de un Gato

Al día siguiente decidí salir a visitar un familiar que estaba enfermo, en otra ciudad, antes de salir vi llegar el gato de mi padre con convulsiones y retorciéndose de dolor, estaba confundido, como si no pudiese ver hacia dónde iba, entonces lo llamé y pasó corriendo frente a mí, entrando a la habitación del frente, en la cual yo estaba de pie y ahí se retorcía del dolor con convulsiones que lo hacían moverse de un lado a otro, chocando su cuerpo de una pared a otra. ¡Nunca había visto un ser con tanto dolor en toda mi vida! Estaba consternada, no había un médico veterinario cerca y el pobre gatito estaba todo sucio apestaba se había hecho sus necesidades encima y su boca estaba cerrada; como no podía abrir su boca, entonces le pedí ayuda a una de mis sobrinas que estaba por ahí cerca, le dije: - ponte guantes y agarra el gato con cuidado sosteniendo su cabeza mientras yo le abro la boca con una cuchara plástica y le introduzco una jeringa con leche, le voy a introducir la leche en la boca en el nombre de "Jesús de Nazaret" Esto fue lo único que se me ocurrió mientras pedía a Dios misericordia por el gato.

El pobre animal parecía que estaba desgarrándose por dentro y su cuerpo cubierto de sucio y saliva espumosa, no pude asegurarme de que se tomara la leche. Minutos más tarde, el gato no tenía fuerzas para moverse, estaba prácticamente paralizado, le llamaba por su nombre "Santiago" pero no respondía, tampoco abría sus ojos, entonces recordé las escrituras en Deuteronomio 28:4

"Bendito el fruto de tu vientre, el fruto de tu tierra, el fruto de tus bestias, la cría de tus vacas, y los rebaños de tus ovejas"

Mandé a buscar a mi padre que estaba en otra parte de la casa para decirle lo que estaba pasando con su gato y para que viniera a orar conmigo pues en ese instante yo reconocí que este gato era el fruto de "su bestia" como dice las escrituras.

Mi padre se puso muy triste, y algo molesto, no podíamos entender como paso esto, le dije tal vez alguien puso veneno para ratas en algún lugar del vecindario y el gato de algún modo lo ingirió, no sabíamos ni podíamos asegurar nada, pero una cosa si podíamos hacer y era orar por el animal, entonces lo hicimos. Con lágrimas le pedí a Dios que bendijera al gato, y no le deje morir de dolor, pues era el gato de mi padre, y mi padre era su siervo, y ese gato era "el fruto de su bestia" -por favor, Señor Dios Todopoderoso, quítale el dolor, no le dejes sufrir más, no lo dejes morir con dolor, te lo ruego en el nombre de Jesús. Así orábamos en acuerdo mi padre y yo.

El gato se tranquilizó, no se movía y dije "Gracias Señor" sé que le vas a quitar el dolor por completo. Te agradezco. En el nombre de Jesús. Amén.

Entonces me retire para hacer la visita que tenía planeada. Y deje a una de mis hermanas al cuidado del gato. Mi hermana me dijo como iba a arreglar el funeral, le dije que esperara, pues el gato aun respiraba, aunque muy débil, su cuerpo estaba endurecido, había que dejarlo que descanse en paz hasta el último momento, le pedí que por favor no lo movieran después de limpiarlo.

Cuando regresé cuatro horas más tarde, pregunté por el gato, mi padre respondió que le habían dado un baño y que le había en cerrado dentro de su habitación, para que descanse, y evitar que se metiera en problemas en la calle, ¡entonces me di cuenta de que Dios le había devuelto la vida al gato! El gato Santiago vivió una vida sana y feliz por varios años más, al lado de mi padre. Su condición postrera fue mucho mejor que la primera, y lucia más hermoso que antes. ¡Gloria a Dios! ¡Aleluya! ¡Bendito y alabado sea el nombre de Jesús!

Muchas veces pensamos en ir a ayudar a alguien (Como yo pensé que en ese viaje yo iba a ayudar a mi padre) pero lo que nosotros no imaginamos, son las bendiciones que Dios tiene para nosotros cuando disponemos en nuestro corazón ayudar a alguien. Dios nos da más de lo que pedimos en muchas ocasiones, siempre y cuando oremos con sinccridad y ayudemos sin esperar nada a cambio. Yo nunca imagine recibir sanidad instantánea en mi brazo o que el gato iba, no solo a ser libre del dolor que lo agobiaba en ese momento, sino que también sobreviviría para disfrutar varios años más de vida.

"y Aquel que es poderoso para hacer todas las cosas mucho más abundantemente de lo que pedimos o entendemos, según el poder que actúa en nosotros. A él sea la Gloria en la iglesia en Cristo Jesús por todas las edades, por los siglos de los siglos. Amén" Efesios 3:20

Tres meses después de esa visita a mi padre Benjamín Duran, en la cual pasé veintiún días orando junto a él; tuve un encuentro con mi Padre Celestial. Esto marcó un antes y un después en mi vida.

El Encuentro

Hubo un momento en el cual mi padre se enfermó, los médicos le habían realizado, varios estudios en el cerebro; y determinaron que su cerebro había sido afectado teniendo un desgaste de memoria bastante amplio, por lo cual ellos pensaban que él nunca podría recuperar su memoria, de ningún modo, sino que al contrario podría empeorar, Sin embargo, Dios tiene la última palabra. El Pastor Benjamín Duran estaba posiblemente en sus noventa años para entonces, yo estaba viviendo en otra nación, comencé a sentir preocupación por la enfermedad de mi padre, y comencé a buscar más de Dios. Orando todos los días por su salud, la iglesia, entre otros asuntos; yo oraba por el todo el día, sin cesar día y noche. Una noche mientras buscaba de Dios en oración, tuve un encuentro con El Señor; ese Dios del cual me habían hablado desde niña, el Dios al cual le servían mis padres, El mismo Dios, por medio del Espíritu Santo me habló con voz audible, durante este encuentro, El Señor me dio un historial de mí misma ¡Es ahí donde comprobé que Dios nos conoce más que nosotros mismos! Me dio un relato acerca de mi padre, sus dones y su ministerio, también me habló acerca de mi madre, de sus dones, ¡en ese momento me sentí como si se me hubiesen abierto los ojos para ver algo que yo no había visto durante toda mi vida!

El Espíritu Santo, me habló del legado pastoral de mi hermano Noel, lo cual yo siempre había dudado y hasta le decía a mi padre el Pastor Benjamín, que lo dejara tranquilo cada vez que este profetizaba diciendo que mi hermano sería pastor ¡Yo no sabía nada de lo que estaba aconteciendo cuando mi papá declaraba algo! El Señor también me dio a entender de otros legados ministeriales en mi familia.

Yo estuve en el espíritu por varias horas, mi cuerpo no pudo contener el estruendo de la presencia de Dios que llenó la habitación en donde yo estaba mientras oraba, caí rendida a sus pies, Él es muy glorioso, muy puro; amoroso, de voz suave, armoniosa, pero a la vez firme, con una autoridad inexplicable, Dios de amor, y fuego que consume, cuya presencia purifica, renueva y da abrigo de seguridad y confianza. Él es maravillosamente indescriptible.

El Señor Me reveló detalles de las cualidades que Él había puesto en mí, señalando que algunas de estas también la tenían mis padres; explicando cada cualidad y dándome ejemplos de estas, trayéndome a la mente y corazón ocasiones del pasado, me sentía como si yo estuviera yendo hacia atrás en tiempo y espacio. Entre esas ocasiones del pasado, me trajo a la memoria cuando yo era niña y oraba a escondidas debajo de la cama, cada vez que estaba triste, preocupada, o simplemente cometía alguna travesura y sentía que tenía que arrepentirme, entonces yo iba a llorar de arrepentimiento, pidiéndole perdón porque no me sentía bien, ni tenía paz hasta sentir su perdón, su abrazo, su consuelo y su amor de Padre Eterno, yo pasaba horas ahí debajo de la cama, a veces escuchaba una voz interna, no sabía que era, pensaba que era mi imaginación, pero era El hablándome al corazón; y diciéndome tantas cosas, entre ellas me recordaba quien era yo, su hija y que me amaba. Me recordó que en muchas ocasiones yo decía o declaraba lo que yo iba a hacer en el futuro; yo no tenía idea de cómo lograrlo; para muchos yo soñaba despierta, o tenía mucha imaginación, para otros era determinada y me ponía cada idea en la cabeza; sin embargo, parecía que el universo conspiraba a mi favor y mis planes se lograban realizar; pero no era yo, ni el universo, era la gracia y el favor de Dios, a Él sea la gloria. ¡Amén! El Espíritu Santo me recordó cuando mi padre comenzó a ministrar liberación a algunas personas que se presentaban con la necesidad en nuestra casa, él lo hacía a puertas cerradas, nunca deseaba exponer al oprimido, en ese tiempo eran sus comienzos ministrando liberación y solo mi madre le asistía en la intercesión en esos momentos; yo era niña, aun pequeña, tal vez alcanzaba a tener unos diez a trece años, más o menos.

Mientras los demás miembros de la familia se quedaban fuera de la casa, durante la ministración, ocupados en una u otra cosa; yo entraba a una habitación contigua a la sala en donde mi padre estaba ministrando, me sentaba en la cama o me arrodillaba en el piso con mi biblia, y escuchando la ministración, me unía a mis padres en la oración, y leyendo cada salmo, o lectura que mi padre utilizaba durante la ministración, también oraba en acuerdo con él y mi madre que lo respaldaba en equipo con él intercediendo. Esto yo lo hacía cada vez que lo escuchaba ministrar. Era como si yo hiciera una pausa en mi mundo, para unirme a la ministración, desde aquella habitación, a solas, aunque sabía que Dios con su Omnipresencia me estaba mirando ¡Lo más interesante es que mis padres nunca me pidieron hacer esto, ni siquiera les dije que yo lo hacía! Sin embargo, yo sentía esta inquietud y deseo en mi corazón de hacerlo cada vez que se presentaba la ocasión. Muchas veces buscaba salmos por mi propia cuenta, los leía, los declaraba y oraba durante la ministración. Yo no salía de la habitación contigua ni dejaba de leer, o declarar la palabra de Dios y orar hasta que la ministración terminara. No pensaba en jugar, ni en ninguna otra cosa, estaba enfocada en la oración de intercesión, la lectura y declaración de las escrituras; yo sabía cómo buscar los versículos en los libros de la biblia, pues anteriormente; le había pedido al Señor que me enseñara a buscar los versículos con rapidez y a aprenderme los nombres de los libros de la biblia de memoria, no recuerdo que mi biblia tuviera la página del índice, pero si recuerdo no haberlo necesitado porque el Señor me respondió esa oración, y El Espíritu Santo me enseñó a ubicar los libros de la biblia y a encontrar los versículos exactos con rapidez.

Además, en este encuentro supernatural, El Espíritu Santo me recordó cuando mi madre oro por cinco pesos y los recibió, y cuando yo también estando embarazada de mi primogénito y le pedí mil pesos para ir a mi primera cita, y los recibí. Nunca fue una coincidencia, sino su gracia y su favor. A Dios sea toda la gloria. Amen. Me habló de cómo me mostraba asuntos de mi vida, muchas veces en mis sueños, pero yo no le prestaba atención, ni siquiera los recordaba, hasta que se convertían en realidad… Me recordó muchas cosas entre ellas, aquel momento en el cual oraba con mi padre, en su habitación cuando fui a visitarlo y a orar por el por veintiún días, la noche que recibí sanidad en uno de mis brazos, esa noche cuando yo oré por mi padre y el me agarró la mano y mientras orábamos; mi papá sonreía (él me estaba bendiciendo) él sabía lo que estaba haciendo en ese momento… En cada momento que, el Espíritu Santo me traía algo a la memoria, era como si yo estuviera ahí otra vez, viviendo ese momento.

Durante ese encuentro, El Señor me dio a entender que mi padre partiría pronto, pero que antes de que partiera, él iba a recuperar la memoria, aunque al principio seria parcialmente, un porcentaje pequeño; antes de partir de este mundo, en algún momento su memoria sería recuperada en su totalidad, me dijo que mi padre vería su cuarta generación en el evangelio. Yo no me imaginaba como esto podría acontecer porque no todas sus generaciones estaban sirviendo a Dios y en su gran mayoría estaban viviendo lejos del lugar, prácticamente dispersos en otra nación; pero sabía que Dios es Todopoderoso para lograr eso y mucho más.

El Señor me dijo que mi padre veía muchas cosas que los demás no ven, refiriéndose al reino espiritual, y aunque mi padre haya perdido la memoria, él sabía quién era Dios (Padre, Hijo y Espíritu Santo) y Dios sabía quién era él, además Dios lo cuidaba, tenía su escolta espiritual (Salmo 34:7) En ese momento toda la tristeza y preocupación que yo sentía por la enfermedad de mi padre desapareció, sentí paz, aunque a veces lo extrañaba por saber que pronto él se iba, a veces sentía algo de nostalgia; aunque de forma distinta, y me bastaba orar para que el Espíritu Santo me consolara y me llenara de paz nuevamente. Renovaba mi mente cada vez que oraba y leía la palabra, así que procure hacerlo a diario, sin prisa, tomándome mi tiempo y pidiéndole al Espíritu Santo que me dé revelación y entendimiento de la palabra que leía. Yo salía fortalecida en el espíritu como una lámpara que se llenaba de aceite, cada vez que yo iba a derramar mi corazón al Señor de rodillas en oración, a solas en mi habitación, olvidándome del tiempo y de los afanes de la vida, Mientras tanto trataba de ir a visitar a mi padre lo más que podía, pues yo no sabía exactamente el tiempo preciso de su partida, reconociendo que las escrituras dicen que para Dios un siglo es como un día (2 Pedro 3:8)

Este encuentro lo tuve aproximadamente tres años antes de que mi padre partiera con El Señor.

Toda la honra, la gloria y el poder sea de Dios, Padre de nuestro Señor y Salvador Jesucristo por los siglos de los siglos. Amen.

Sanidad del Cerebro

Después del maravilloso encuentro que tuve con el Señor…Me enfermé de COVID, me enfermé y los síntomas eran bastante fuertes; parecía difícil de creer, ¡Yo que me sentía que nada malo podría acercárseme después de ese encuentro sobrenatural! pues bien, se me pasó esa idea después de estar encendida en alta temperaturas de fiebre y sumergida en otros síntomas.

Mientras yo estaba recuperándome del virus, después de aproximadamente dos semanas desde que mi prueba de COVID había salido negativa, comencé a sentir lo que llamamos "La secuela" del COVID o mejor dicho, los efectos secundarios, yo había escuchado de muchas otras personas que también experimentaron efectos secundarios, desde los más terribles que causaban infarto, aneurismas, neumonía, entre otros problemas respiratorios, hasta los más leves que causaban un poco de neblina cerebral… en fin, muchas personas no sobrevivieron los más crueles efectos; sin embargo, nunca pensé que yo tendría efectos secundarios, tampoco lo noté de inmediato, y es ahí cuando comenzó un tiempo de proceso, yo pensaba que estaba en mi mejor momento, sin embargo…Tuve pérdida de memoria por una semana, al principio, yo no recordaba nada de lo que había pasado, tampoco reconocía a las personas que me rodeaban, sabía quién era yo, y me sentía muy cómoda con mi esposo y mis hijos, aunque no recordaba sus nombres, fue una pérdida de memoria a largo y a corto plazo. Muchas veces decía lo mismo repetidas veces, pero no estaba consciente de esto, para mi cada vez que decía algo era la primera vez que lo decía, tampoco estaba consciente de saber en cual idioma me expresaba. En un momento sentí mi rostro endurecer, mi lengua adormecida, hablaba incoherencias, sentí dolor de cabeza en tal extremo que sentía que iba a explotar, sentía que mi cerebro crecía y no tenía suficiente espacio para contenerse en la cavidad craneal, tuve una inflamación aguda del cerebro. Mi brazo izquierdo tenía un dolor adormecido, sentía zumbidos en los oídos. No disfrutaba de los alimentos, pues perdí el sentido del gusto y el olfato por segunda vez, ya que esto lo había experimentado durante el tiempo en que estuve enferma con el virus del COVID activo. La enfermedad, no había sido tan cruel como sus efectos secundarios.

Entre otros síntomas, estuve delirando y este último síntoma fue lo peor que me pudo haber pasado, nunca había experimentado estar en esta situación. La situación más vergonzosa de toda mi vida. Ruego a Dios que me libre y a cualquiera que este leyendo este libro de caer en dicha situación nueva vez. Seamos bendecidos con la mente de Cristo hasta el fin de nuestros días. En el nombre poderoso de Jesús y para su gloria. Amén. Antes de que los efectos secundarios comenzaran, había mucha gente enferma, en aquel entonces, yo sentí una preocupación por todos los demás enfermos, sentía mucha compasión por ellos, yo estaba en una búsqueda constante de Dios, tenía sed y hambre del Todopoderoso, además cuando mi prueba de COVID salió negativa; traté de cuidar a otros enfermos, yo pensé que estaba completamente sana después de dos semanas, pues yo me sentía bien; nunca pensé que el virus, había dejado su secuela en mí, pero en realidad los efectos secundarios estaban a punto de comenzar; no obstante yo había comenzado un ayuno y oración para rogar a Dios por los demás enfermos; no quería desistir hasta que terminara los días que había ofrecido a Dios, estaba exhausta. Terminado el ayuno, me di cuenta de lo intenso que estaban los efectos secundarios, me aparté en un cuarto de la casa en donde me había recluido anteriormente cuando tenía el virus del COVID activo.

Mientras estuve en ese cuarto, comenzó lo peor... delirios mucho más intensos, hacía comentarios que en mi vida yo nunca hubiese pensado decir, de haber estado totalmente consciente. No podía ver el televisor o leer nada incluyendo la biblia porque además de que me dolía mucho la cabeza; de todo lo que yo veía, sea en la televisión, redes sociales o hasta en la misma biblia, yo deliraba al respecto o me creía ser alguno de sus personajes. No obstante, todo esto yo lo olvidaba después de hacerlo, Mientras tanto, sentí muchos ataques, entre ellos tristeza, soledad, rechazo, abandono, culpabilidad, entre otros... El mal funcionamiento del cerebro y mi memoria para mí fue lo peor que me pudo haber pasado; aunque en este momento en el cual me encuentro completamente sana, por la gracia y la misericordia de Dios, he llegado a la conclusión de que, para estar en comunión con Dios, muchas veces, es preferible estar enfermo del cerebro o cualquier parte del cuerpo, que estar enfermo del alma, de los sentimientos que pueden endurecer el corazón e interponerse en la relación del ser humano con Dios. Es cuando recibimos liberación de tales sentimientos negativos que nos damos cuenta, que estos en verdad son peores que la enfermedad física.

Bendito sea Dios que por su gracia y su misericordia nos libera por medio del sacrificio en la cruz de su hijo Jesucristo. A Él sea la gloria, el dominio y el poder por los siglos de los siglos. ¡Amen!

Después de recibir sanidad cerebral, y estar libre de los delirios, y de todos esos, pensamientos negativos de soledad, abandono, rechazo, entre otros… Me acerqué a todos mis familiares, amigos y relacionados para pedirles perdón pues yo no sabía, pero pensé ¡Sabe Dios qué tanto había ofendido! fueron muchas palabras e incoherencias que bien sabe Dios, si yo hubiese estado consciente, seguramente nunca hubiesen salido de mi boca. Estando en medio de mi angustia clamé a Dios; estaba exhausta, en ese preciso momento, yo no sabía cuánto tiempo había transcurrido desde que comenzó todo, pero algo si estaba segura y es que algo andaba mal en mí, muy mal y no quería seguir viviendo de ese modo. No recuerdo todo lo que dije en ese momento, lo único que sé, es que en humillación, vergüenza y dolor estuve cuando clamé al Todopoderoso desde mi cama, pues no me podía levantar; y el me escuchó, me habló con voz suave pero firme, y amorosa, entonces fui cubierta de una paz sobrenatural que me fortaleció; sentí que Dios me abrazó, sentí su amor por mí; y sentí que El llenó mi corazón de su amor, pude finalmente descansar y estando medio dormida sentí un soplo como si fuera un silbo suave, que entró a mi cabeza. En ese momento desperté y sentí claridad mental. Supe que había recibido liberación y sanidad completa en mi cerebro porque mi mente estaba lúcida y no sentía más dolor en ninguna parte de mi cuerpo. ¡Gloria a Dios! ¡Aleluya! ¡Bendito sea el nombre de Jesús!

Por su puesto, llegué a preguntarme ¿por qué me había pasado todo esto, si yo pensaba que estaba en el mejor momento de mi vida con Dios, por qué me permitió todo esto?

Yo estaba acercándome a Dios, buscaba de Él, en oración y ayuno, estaba totalmente enamorada de Jesús, tratando de hacer el bien. Yo había tenido un encuentro con El Señor antes de esto, había conocido al Dios del cual me habían hablado mis padres, el cual yo había recibido y servido por fe, yo había conocido al Padre Celestial y amoroso que tanto amaba, al que le contaba mis secretos desde niña escondiéndome debajo de la cama, el mismo Padre celestial que me abrazaba y me consolaba cuando estaba triste desde niña o cuando me sentía preocupada, ¿Por qué me pasó esto precisamente ahora? -Me pregunté.

Yo no estaba enojada con Dios, ni con nadie a mi alrededor, el amor que recibí en el corazón cuando clamé a Dios no me permitía ofenderme o enojarme con nadie absolutamente, sentía que nada podía apartarme del amor de Dios.

El Señor muchas veces nos permite caer, ser zarandeados por satanás, pero Él nunca nos deja caídos, sino que nos levanta en el momento en el cual nos humillamos y clamamos a Él. Muchas veces nosotros mismos abrimos una puerta a situaciones como estas cuando permitimos algo negativo en nuestras vidas; en mi caso pienso que probablemente fue orgullo que hubo en mí y de algún modo había que sacar, nosotros nacimos con naturaleza orgullosa, aprendí que se libera del orgullo, con humildad de corazón; aunque el mencionado malestar cerebral le pudo haber pasado a cualquiera persona bajo las mismas circunstancias; ahora bien, nunca pienses que es muy tarde, ni te de vergüenza levantarte; Satanás intentará sumergirte en la vergüenza y condenarte, poner pensamientos de culpabilidad extrema, especialmente cuando hayas llevado una vida integra, él quiere que pienses que ya no hay nada que hacer al respecto, y que nunca podrás ser libre, ni levantarte; sin embargo, El mismo Señor Jesús le dijo a Simón a quien le puso por sobrenombre Pedro, antes de Pedro caer, negándolo y abandonándolo antes de ser crucificado:

'...Simón, Simón, he aquí satanás os ha pedido para zarandearos como a trigo; pero yo he rogado por ti, que tu fe no falte; y tú, una vez vuelto, confirma a tus hermanos" Lucas 22:31-32

Esto nos deja ver claro que, aunque estemos cerca del Señor, buscándole y con el deseo de hacer su voluntad, todavía podemos caer mientras estemos en este mundo. Lo más importante es que reconozcamos nuestros errores y pecados, y volvamos al Señor Jesús, con corazón sincero. Él mismo se encargará de levantarnos, como bien dicen las escrituras en Proverbios 24:16

"Porque siete veces cae el justo, y vuelve a levantarse..."

Cuando te sientas enfermo, abatido, aislado, rechazado; y sin capacidad para movilizarte, cuando todas las puertas se hayan cerrado; y te sientas abandonado, recuerda lo que dicen las escrituras en Salmos 27:10

"aunque padre y madre me dejaren con todo Jehová me recogerá"

Dios es omnipresente y todopoderoso. Él quiere liberarte y sanarte, sin embargo, Él nos da libre albedrio, Él quiere que clamemos a Él, nosotros tenemos que hablar con Él; rendirnos totalmente e invitarle a entrar en nuestras vidas en nuestro corazón. Dicen las escrituras en 2 crónicas 7:14

"Si mi pueblo, sobre el cual mi nombre es invocado, oraren, y buscaren mi rostro, y se convirtieren de sus malos caminos; entonces yo oiré desde los cielos, y perdonare sus pecados y sanare su tierra"

"Y todo aquel que clamare el nombre de jehová será salvo…" Joel 2:32

La palabra "salvo" implica también ser liberado.

Fui liberada por completo de la opresión que me asediaba mientras mi mente estaba opaca ¡Alabado sea Jesús!

Yo no recordaba por completo todo de lo que había acontecido mientras deliraba, por lo tanto, cuando clamé a Dios también pedí perdón por todos los pecados que había cometido durante esos momentos de delirios, es importante pedir perdón no solo a Dios, sino a todos los que de algún modo consciente o inconscientemente ofendemos, no importa si pensamos que fue una mínima palabra, o que no dijimos nada ofensivo, Dios escudriña los corazones, y si el Espíritu Santo nos da a entender que dijimos o hicimos algo ofensivo, debemos pedir perdón, aunque la persona ofendida no admita estar ofendida, aunque nos nieguen el perdón en su corazón; puede que alguien no te perdone y hasta te quiera castigar, perseguir o conspirar a tus espaldas contra ti, porque llevan consigo mucho dolor, y orgullo que ciega el entendimiento, pero no debemos ofendernos por eso; si esto nos llega a suceder; debemos orar al Padre en secreto por esas almas, veras que cuando eliges perdonar y orar por ellos, bendiciéndolos con sinceridad de corazón, podrás amarlos cada vez más y guardar tu corazón; en vez de guardar rencor por las situaciones que se presenten, sentirás gozo, ahora bien si decidimos quedarnos en la zona cómoda pidiéndole perdón únicamente a Dios, puede ser indicio de que todavía queda orgullo, pues también debemos cumplir con lo que nos dice la palabra de Dios en Santiago 5:16

"Confesaos vuestras ofensas unos a otros, y orad unos por otros, para que seáis sanados. La oración eficaz del justo puede mucho"

La palabra "Sanados" también implica la sanidad del alma, de los sentimientos negativos del corazón, esos que encarcelan el alma en la prisión oscura del dolor. Es necesario confesar nuestra ofensa con nuestro prójimo, especialmente al hermano en la fe, siempre que se nos sea posible, Dios se encarga de darnos la oportunidad de hacerlo; pero depende de nosotros el hacerlo, pues para esto Dios nos dio libre albedrio. Ser específicos en cuanto a la confesión de la ofensa contribuye a una declaración y oración eficaz. Una vez hayamos ido a la presencia de Dios, humillados a sus pies, debemos también ir a confesar nuestra ofensa con el prójimo. Muchas veces no queremos hacerlo porque tenemos temor de que nuestra disculpa o nuestra palabra no sea bien recibida; o que sea distorsionada y hasta usada en nuestra contra, pero esa parte, no depende de nosotros mismos, deja que Dios se encargue, de ahí en adelante, lo importante es que nosotros cumplamos con lo que nos manda El Señor por medio de su palabra. Él nos manda a ir donde nuestro prójimo pedir perdón, sin reservas, sin excusas, sin justificación. Esa es la parte en donde se vence el orgullo. Satanás no pide perdón, ni perdona a nadie tampoco. El tratará de evitar que pidas perdón y que perdones, porque quiere tenerte en prisión para que no vivas una vida plena en Jesús; pero recuerda que perdonar no es una opción sino una regla espiritual que el Señor Jesús requiere que nosotros cumplamos con sinceridad, es una decisión que debemos tomar y aunque se sienta vergonzoso en la carne al momento de hacerlo; una vez que lo hagas de corazón, con sinceridad, recibirás liberación, y la liberación trae consigo amor, paz, gozo, paciencia, mansedumbre…los frutos del Espíritu. Jesús mismo nos habló claro en la oración modelo, que es "El Padre Nuestro" en Mateo 6:12

"Y perdona nuestras deudas como también nosotros perdonamos a nuestros deudores" La palabra "deuda" aquí significa ofensa o pecado, no se refiere a deuda de dinero específicamente"

En Mateo 18:23-35, El Señor Jesús nos exige perdonar, cuando refiere la parábola de los dos deudores. En el versículo 35, Jesús nos dice:

"Así también mi padre celestial hará con vosotros si no perdonáis de todo corazón cada uno a su hermano sus ofensas"

Nuestro Padre celestial nos ama. Él es bueno, un Padre amoroso, misericordioso; nos hace libres de toda opresión, muchos nos enfermamos únicamente porque somos humanos y estamos en un cuerpo terrenal sujeto a enfermarse, otros abrimos puertas a las circunstancias y enfermedades.

En mi experiencia personal, en este caso, yo hice ayuno, mientras estaba prácticamente en convalecencia, y mientras cuidaba de otros me descuidé de mí misma, de mi cuerpo que es templo de Dios. Ayunar es bueno, sin embargo, se debe tener cuidado de hacerlo bajo las condiciones necesarias, y siguiendo la dirección del Espíritu Santo, en mi caso no seguí las instrucciones del Espíritu, se me olvidaba…Una de las estrategias de satanás es atacarnos en los momentos en los cuales el cuerpo esta débil. Esta fue la misma táctica que uso satanás cuando fue a tentar a Jesús, luego de haber sido bautizado, y el Espíritu Santo había descendido sobre él, en Lucas 4:1-2 dice:

"Jesús lleno del espíritu santo, volvió del jordán, y fue llevado por el Espíritu al desierto. Por cuarenta días, y era tentado por el diablo, y no comió nada en aquellos días. pasados los cuales tuvo hambre"

Nosotros no somos perfectos como nuestro Señor y Salvador Jesucristo que resistió y reprendió al diablo en el desierto, sin embargo, hay una buena noticia y es que por el sacrificio de Jesucristo en la cruz tenemos acceso al trono de gracia, una vez nos humillamos, nos arrepentimos y nos apartamos del mal. Dicen las escrituras en Salmos 51:17

"Al corazón contrito y humillado no despreciarás tú, oh Dios"

El volver a Jesús, en el momento que caemos, Jesucristo nos salva por medio de la sangre derramada en la cruz. Nos perdona y nos limpia como si nunca hubiésemos pecado. No importa que tan grande u oscuro sea el pecado, Jesús nos redime si nos arrepentimos y nos humillamos con sinceridad, para EL, que es el Dios todopoderoso y escudriña el corazón, no hay nada oculto. No podemos mentirle. Esto no significa que los pecados cometidos estuvieron bien o que no obtendremos consecuencias por los tales, sino que no vamos a ser culpados por ellos delante de Dios y que en lo adelante podemos vivir una vida plena bajo la bendición de Dios y libres de condenación.

Las escrituras nos dicen que Satanás es el acusador, léase Apocalipsis 12:10, pero una vez nos arrepentimos y vamos a los pies del Señor Jesús humillados a Él, no hay acusación que valga delante de Dios, todo derecho que le hayamos dado a satanás para acusarnos y condenarnos por nuestros pecados es cancelado cuando nos humillamos a Jesús, porque el sacrificio de Jesucristo en la cruz, pagó por nuestros pecados, sin embargo, tenemos que entregarnos por completo, no podemos entregar solo una parte de nuestro corazón y reservar otra. Tenemos que obedecer y cumplir lo que Jesús nos mandó para no dar derechos a satanás de acusarnos, si Satanás usa a la gente para hacer comentarios y acusarnos delante de los hombres (aunque Dios por ser omnipresente lo esté presenciando) sin tener derechos válidos o legales; nosotros no tenemos absolutamente nada de qué preocuparnos, estemos seguros de que el mismo Dios se encargara de defendernos, por lo general no tenemos que hacer nada al respecto, sino únicamente cuidarnos el corazón y perdonarles; sin embargo, si el mismo Satanás en persona nos acusa delante de Dios con derechos porque hemos fallado y no hemos estado sometidos a Dios, a su palabra; entonces quitémosle ese derecho llevando nuestra carga a Jesús, entregándole nuestro dolor y arrepintiéndonos de nuestros pecados de todo corazón. Dios es fiel a su palabra y nos perdonará. No en vano dicen las escrituras en Romanos 8:1-2

"Ahora, pues, ninguna condenación hay para los que están en Cristo Jesús, los que no andan conforme a la carne, sino conforme al Espíritu.

Porque la ley del Espíritu de vida en Cristo Jesús me ha librado de la ley del pecado y de la muerte"

Además, hablando de Jesucristo en Colosenses 2:14-15 las escrituras nos dicen:

"Anulando el acta de los decretos que había contra nosotros, que nos era contraria, quitándola de en medio y clavándola en la cruz. Y despojando a los principados, a las potestades, de los exhibió públicamente, triunfando sobre ellos en la cruz"

Demos gracias a nuestro Señor Jesucristo por su gracia, misericordia, y su sacrifico en la cruz. Amén.

El Pastor Anuncia su Partida

Aproximadamente cinco años antes de que el pastor Benjamín Duran partiera con El Señor, El Espíritu Santo le dio revelación, de manera tal, que el escribió una canción profética, la cual era prácticamente su despedida; en ella también expresa su gratitud hacia Dios y aconseja a los líderes de la iglesia. Esta canción profética el pastor Benjamín se la entregó por escrito a la hermana Antonia Toribio, a quien cariñosamente todos llaman "Charo" miembro de una de las iglesias que él había fundado, para que fuera cantada el día de su funeral, el pastor Benjamín sabía que ella lo iba a sobrevivir. Ella le pidió que el la cantara, el pastor la cantó y la canción fue grabada, fue así como en su funeral, se escuchó esta canción cantada y grabada por el mismo pastor Benjamín. Ahora bien, la última vez que fui a visitar a mi padre, como de costumbre, antes de que él se enfermara de la enfermedad de la cual él iba a morir; en la noche antes de yo regresar a mi casa con mi esposo y mi hija, estábamos en la iglesia celebrando su cumpleaños, alguien me pidió que cantara una alabanza, yo tenía mucho tiempo que no me ponía de pie a cantar una alabanza en la iglesia, en ese momento estaban algunos niños presentes, entonces invité a los niños que quisieran adorar conmigo, pues yo, aunque adoro a Dios con todo mi corazón, sentí que la voz sería más armoniosa acompañada de los niños que pertenecían al ministerio de niños de la iglesia. Algunos niños se pusieron de pie para acompañarme y entre esos niños estaba Sofia, mi sobrina nieta adorando al Señor Jesús conmigo, la presencia de Dios se sentía como un refrigerio, luego mi padre, que en algún tiempo antes de esto ya había recuperado un poco de su memoria (Nótese que habían pasado tres años de yo haber tenido un encuentro y revelación del Señor por medio del Espíritu Santo, así que Dios tenía tres años preparando mi corazón para ver la partida de mi padre) Benjamín cantó la canción profética que había escrito cinco años atrás. El Espíritu Santo se manifestó, me dio a entender que ya mi padre había visto su cuarta generación ministrando, y que esa noche había cinco generaciones visitando la iglesia. Me trajo a la mente la imagen de mí misma adorando con los niños donde estaba mi sobrina nieta Sofía, quien era su cuarta generación, esa noche también estaba su madre Angie, quien había llegado semanas antes desde los Estados Unidos y que se había reconciliado con el Señor Jesús varios años atrás, entonces entendí que, aunque tenía que irme del lugar al día siguiente, debía regresar pronto porque a mi padre le quedaba poco tiempo.

Un mes después de esto, mi padre sufrió un infarto silencioso, que, aunque no manifestó dolor intenso, ni estragos visiblemente fuertes en ese preciso momento, mi propio padre informó a los que estaban presentes que esto había sucedido para su muerte, y que él iba a morir pronto, aunque fue muy bien atendido por médicos que le daban un buen pronóstico de vida por muchos años más, luego de haberle instalado un marcapaso; yo sabía que mi padre estaba en lo cierto y esto era el comienzo de la última batalla que mi padre tendría en su cuerpo terrenal; él sabía que era cuestión de muy poco tiempo. Un par de semanas después del infarto, otros órganos internos, silenciosamente dejaban de funcionar correctamente de manera paulatina, en un par de semanas el cayó en cama y antes de partir a su morada celestial, reunió a todos sus hijos, también se presentaron algunos nietos y otros familiares, y los bendijo a todos. La última semana fue crucial, yo me apresuré a llegar donde él estaba porque sentí confirmación del Señor de que este era el tiempo de su partida, aunque no sabía exactamente cuál era el día; yo lo cubría en oración, junto a la iglesia y a mis hermanos, además me gustaba tomar el turno de quedarme con él por las noches, él se deleitaba cuando cantábamos las alabanzas y leíamos la palabra, pasamos un tiempo maravillo juntos, a él le gustó mucho que estuviéramos de acuerdo en cuanto a lo que estaba aconteciendo, siempre me dirigí a él dejándole entender que yo sabía lo que estaba sucediendo, mientras tanto, él estaba en paz y hasta gozoso esperando su hora de partir, el Espíritu Santo me dio a entender que él estaba llevando una lucha que no era únicamente para sí mismo sino que en su lecho de muerte, el también intercedía por las almas, él ya había visto su mansión celestial y sabía lo que le esperaba, sin embargo el intercedía por aquellos que todavía necesitaban ser salvos y por aquellos que le sobrevivirían tanto familiares de lazos sanguíneos, como en la familia de la fe.

Benjamín me decía mientras estaba en cama y podía hablar, que si la gente supiera la realidad que existe después de la muerte física, todo ser humano tratara de aceptar a Jesús como su salvador y que si la gente supiera lo hermoso que son las moradas celestiales, trataran de entrar todos al paraíso celestial.

En los últimos días mi padre entró en un periodo de transición en donde el mundo espiritual era aún mucho más tangible, milagrosamente no se quejaba de dolor, aunque no ingirió alimento por varias semanas y según los médicos, sus riñones no estaban funcionando bien para entonces; el únicamente esperaba en paz su partida de este mundo. Siempre hicimos énfasis en la lectura de la palabra de Dios de manera constante mientras él estuvo en cama, pues al no estar ingiriendo alimentos por largo tiempo, la palabra de Dios alimenta el espíritu y esta era parte de mi misión mientras estuve con él, no me distraje yendo a ningún lado, sino únicamente a descansar durmiendo varias horas durante el día, para fortalecer mi cuerpo y volver a acompañarlo durante el resto del día y toda la noche. Debo confesar que ore mucho desde que este proceso comenzó para que el Espíritu Santo le confortara y no sintiera dolor en su cuerpo. Dios contestó esa petición. Pues era incomprensible para todos, especialmente para los expertos en la medicina, la paz que manifestó mi padre durante todo este proceso.

Tres noches antes de Benjamín morir, yo oraba con dos de mis hermanas, (Isa y Juanita) en su habitación, yo le había pedido a Dios antes de salir de mi casa que le abriera los ojos espirituales a mi hermana Isa, para que ella viera la obra que Dios estaba haciendo con nuestro padre en el mundo espiritual, como le abrió los ojos a aquel joven que servía al profeta Eliseo (2 Reyes 6:17) porque ella estaba muy angustiada creyendo que él podría estar sufriendo mucho, aunque no lo dijera, pues anteriormente cuando ella se había quedado con el una noche, ella lo escuchaba haciendo algo de ruido, entonces ella le preguntaba si tenía dolor y él le decía que no, que lo dejara a solas porque ella no entendía absolutamente nada de lo que estaba sucediendo en ese momento; y si la necesitaba, él le iba a llamar. Cuando él quería orar en su habitación pedía estar a solas, para muchos él únicamente quería estar solo, pero yo sabía que lo que Benjamín realmente quería era estar a solas con el Espíritu Santo, por eso muchas veces les pidió privacidad.

La razón principal por la cual decidimos de inmediato comenzar a orar las tres juntas (Juanita, Isa y yo) esa noche, fue poque yo fui a limpiar la iglesia (De niña me hacía voluntaria para limpiar el templo) después del servicio y le encomendé a ella y a Juanita que estuvieran con él; mientras yo estuve en la iglesia, Isa me llamó preocupada, diciéndome que papá podría haber tenido dolor porque le indico que deseaba ir al baño pero no pudo; y que el doctor estaba lejos para administrar medicamentos, así que me apresuré a llegar en menos de un minuto, pues la iglesia está ubicada al lado de la casa, aunque yo en verdad cuando llegué lo veía durmiendo tranquilo, comencé a dirigir la oración de intercesión…mientras orábamos, dentro de la habitación donde estaba nuestro padre postrado en cama, el Espíritu Santo se manifestó, abrió los ojos espirituales de mi hermana y le mostró a nuestro papá, en los brazos del Padre Celestial y le dijo a ella que le entregara toda su angustia y su dolor porque Él tenía a Benjamín en sus manos y él no sufriría; también le dijo que nuestro padre era un rey; que iba a partir con El Señor Dios Todopoderoso, y que Él mismo se lo llevaría de este mundo, ella recibió la paz del Señor en ese mismo instante; no obstante, al mismo tiempo de mi hermana estar recibiendo esta revelación, el Espíritu Santo me mostraba una celebración de coronación realizándose en el cielo, en esta coronación estaba el Padre Celestial sentado en su trono, aunque no vi su rostro porque era demasiado grande y resplandeciente; Jesús estaba a su diestra y una multitud de ángeles que no pude contar, mi padre, Benjamín Duran, estaba de pie frente al Padre Celestial, vestido de ropa larga y blanca resplandeciente, pero estaba joven, ¡no era aquel anciano que estaba en la cama! El padre Celestial tenía una corona frente a él para coronarlo, esta corona era hermosa, grande, tenía muchas piedras preciosas, que parecían diamantes de diferente tamaños; sobre la base de la corona estaban los diamantes más grandes, y encima de estos estaban, los diamantes de tamaño mediano, luego los diamantes más pequeños; los cuales parecían ser miles, no los pude enumerar, la corona brillaba con un destello muy impresionante; aquellas piedras preciosas resplandecían como estrellas de luz radiante, el Espíritu Santo me dio a entender que los diamantes más grandes eran ministerios grandes que habían salido del ministerio que Él había usado a mi padre para fundar, así mismo, los diamantes medianos eran ministerios más pequeños y los diamantes más pequeños eran almas que se habían salvado durante el tiempo que mi padre estuvo ministrando y predicando el evangelio en la Tierra. Muchas de esas almas aceptaron al Señor Jesucristo como su único salvador cuando el Pastor Benjamín les predicaba, y estas almas se salvaron, aunque el Pastor Benjamín por diferentes razones, posiblemente no las volvió a ver o tal vez nunca las vio en su iglesia después de haberles predicado y ministrado, pero eran frutos de las semillas que el sembraba cuando salía a predicar y anunciar el evangelio.

También vi una capa de color rojo real que se iba a poner a mi padre por encima de su ropa blanca. Era de color rojo, como aquel color rojo con el que se viste la realeza. El mismo tipo de capa que usa un rey. Entonces, vi un trono blanco resplandeciente, hermoso, muy diferente y mucho más pequeño que el trono del Padre Celestial, en este trono se sentaría mi papá el cual, para entonces, el Espíritu Santo me dio a entender que se le había dado otro nombre. El Espíritu Santo me trajo a la memoria las escrituras en Apocalipsis 5:10 donde dice:

"Y nos has hecho para nuestro Dios reyes y sacerdotes y reinaremos sobre la Tierra"

Además, me trajo a la memoria las escrituras en Apocalipsis 2:17 donde dice:

"...Al que venciere, le daré una piedrecita blanca, y en la piedrecita escrito un nombre nuevo, el cual ninguno conoce sino aquel que lo recibe"

Al terminar nosotras de orar recibí una llamada de mi hermano Noel, quien al mismo tiempo tuvo una experiencia espiritual en su casa, y asimismo mi sobrina Angie, quien estaba quedándose en otro lugar, me dijo que tuvo una experiencia en el espíritu donde se le mostraba a mi padre, vestido de ropas blancas resplandeciente, recibiendo algo que se asemejaba a una pequeña esfera de luz resplandeciente y la sostenía en sus manos… entonces el Espíritu Santo volvió a traerme a la memoria las escrituras en Apocalipsis 2:17, aunque Noel y Angie no estaban presentes con nosotras, el Espíritu Santo ministró de manera espontánea, al mismo tiempo en donde ellos estaban, confirmando todo lo que mis hermanas y yo, que estábamos en guarda esa noche, habíamos visto en el espíritu; nos dimos cuenta de que habíamos estado orando por varias horas, fue una experiencia maravillosa, y salimos de ella llenas de paz. Solo el Espíritu Santo puede consolar, liberar, dar paz y gozo inexplicables en tiempos difíciles. Esa noche mis dos hermanas y yo estábamos

totalmente entregadas a la voluntad de Dios para con nuestro padre.
Muchas veces no entendemos cómo es posible que, siendo siervos de Dios, nos enfermamos de manera inexplicable; hay que reconocer que mientras estemos dentro de este cuerpo humano, existe la posibilidad de enfermar.

Hay enfermedades que son de origen demoniaco, pero en su gran mayoría las enfermedades son parte de la naturaleza humana. Sin embargo, Nuestro Señor Jesucristo tiene autoridad sobre todo tipo de enfermedad. Recordemos que Dios nos hizo a su imagen y semejanza, y así como Dios es una trinidad (Padre, Hijo y Espíritu Santo) Él nos hizo con espíritu, alma y cuerpo. Un espíritu que hay que redimir, un alma que hay que restaurar y un cuerpo que es nuestra carne, este cuerpo de carne se enferma, y además de someterlo al espíritu, debemos cuidarlo porque el cuerpo es templo del Señor, como dicen las escrituras en 1 Corintios 6:19

"O ignoráis que vuestro cuerpo es templo del espíritu santo, el cual está en vosotros, el cual tenéis de Dios y que no sois vuestros?

El orden de Dios es que el alma y la carne se sometan al espíritu y no al contrario como sucede cuando andamos en desobediencia, digo esto con vasta experiencia, pues yo también anduve en desobediencia y en pecado en algún tiempo… cada vez que me acuerdo pido a Dios que no me permita caer de su gracia, nunca más y asimismo libre del mal y bendiga a toda persona leyendo este libro. Grandes siervos del Dios viviente estuvieron enfermos antes de morir, como, por ejemplo, el profeta Eliseo (2 Reyes 13:14)

Mientras estemos en este cuerpo carnal somos vulnerables y hay posibilidades de sufrir calamidades.

¡Bendito sea Dios que nos reconcilió por medio de nuestro Salvador Jesucristo para que ninguna calamidad pueda detener la paz y el gozo de su Espíritu Santo en nosotros!

"Y cuando esto corruptible se haya vestido de incorrupción, y esto mortal se haya vestido de inmortalidad, entonces se cumplirá la palabra que está escrita: sorbida es la muerte en victoria"
1 Corintios 15:54

El día de la partida

En aquel día, mi hermana Juanita decidió estar en guarda conmigo para acompañar a nuestro padre durante toda la noche, Reyna (una de mis hermanas) se había quedado dormida en otra habitación de la casa, estaba exhausta por haber viajado con mucho contratiempo debido al clima, para llegar el día anterior a ver a papá, yudi (otra de mis hermanas) y los demás familiares estaban agotados, y se habían ido a sus hogares para tratar de descansar y volver a acompañarnos al día siguiente. Juanita y yo orábamos; y cantábamos himnos de los que a nuestro padre le gustaban. Cerca de las once de la noche, mientras aun cantábamos los himnos, como de costumbre, el me miró a los ojos y levantó sus manos haciendo un ademán de despedida, él sabía que esa era la noche de partir y nos estaba dando el ultimo "hasta luego "aunque no podía hablar, porque se le había ido la voz en esos momentos; yo en mi espíritu al mirarlo a los ojos, de algún modo sentí que me conecté con él y no solamente lo entendía, sino que además de esto, muchas veces el Espíritu me mostraba o me daba a entender parte de lo que él estaba mirando en el mundo espiritual, entonces le dije:

- Hasta luego papá gracias por todo lo que hiciste por mí, por todos nosotros, por guiarnos por el camino hacia nuestro Padre Celestial, por enseñarnos lo que significa tener temor de Dios, respeto, amor y deseo de estar en su presencia, por darnos tantos valores que no puedo enumerar, te agradezco mucho que hayas sido mi padre terrenal durante todo este tiempo, muchas gracias, papá…El sonrío y pude entender que me dijo:

-Dios te bendiga; mientras movía sus labios sin pronunciar palabra alguna…

Entonces señaló a mi hermana que estaba cantando a mi lado, a ella también le hizo el ademán de despedida con la mano.

Horas más tarde, cerca de las tres y media de la madrugada, mientras mi padre dormía, El Espíritu Santo me dio instrucciones, yo proseguí a ejecutarlas y orar en el espíritu ungiendo a mis hermanas, orando y caminando, prácticamente marchando de un lado a otro dentro de la casa, mientras mi hermana Juanita oraba de rodillas al pie de la cama, cuando de repente, en el espíritu discerní que ángeles celestiales del Dios Altísimo entraron por la puerta del frente, supe que venían por mi padre, fui a avisarle a mi hermana, le dije:

 -Hay una presencia aquí, ya llegaron. Están aquí. Ella asintió con la cabeza y seguía orando de rodillas. Mientras yo continuaba orando en el espíritu. Los ángeles celestiales, parte del ejército de Jehová, del Señor Dios Todopoderoso, entraron a la habitación y se posicionaron al lado de la cama, otros pasaron por la sala, hacia la cocina, otros salieron a alinearse en el patio trasero de la casa, mientras otros ángeles guerreros se alineaban alrededor de la casa cubriendo los lados laterales; mientras que otros ángeles guerreros se alinearon en la parte frontal de la casa. ¡Estábamos rodeadas!

Esto me recordó aquel momento cuando yo tenía veinte años, y después de tener a mi primer hijo, por la complicación de la cesárea, estuve en la unidad de cuidados intensivos (UCI) cuando los médicos no me daban esperanza de vida, y un ángel se presentó para escoltarme. A diferencia de aquella ocasión yo vi un ángel ¡Esta vez vino un ejército! En el espíritu discerní que los ángeles cantaban, pero yo no los escuchaba cantar letras o idioma alguno, sin embargo, en ese mismo momento, el Espíritu Santo me dio un cántico en nuevas lenguas, y comencé a cantar en el espíritu (léase Sofonías 3:17, Salmos 40:3) Juanita seguía orando de rodillas al pie de la cama y yo cantaba en el espíritu de pie. Oramos hasta que sentí un momento de silencio. Ellos todavía estaban ahí. Mi hermana y yo, decidimos sentarnos y observar desde la puerta de la habitación, porque discernimos que nuestro padre deseaba estar asolas, con el Espíritu Santo; nos sentamos en la entrada de la habitación, donde podíamos verlo, él parecía estar durmiendo, su semblante en paz, notábamos su respiración… minutos más tarde, el expiró en paz mientras dormía. Yo levanté mi mano al cielo en acción de gracias a Dios Todopoderoso por el padre terrenal que nos había dado. Un hombre fuerte y guerrero con una fe que mueve montañas, una compasión y un amor profundo por las almas. Sentí una descarga de paz super natural que llenó todo mi ser. El gozo y paz opacaban la nostalgia o tristeza que quisiera aproximarse a mi persona.

El cuerpo del pastor Benjamín Durán fue sepultado junto a los restos de su esposa Ubaldina Gil.

Entonces recordé leer la biografía que el Espíritu Santo me instruyó a escribir acerca de mi padre un tiempo atrás.

Es muy triste y extremadamente doloroso, ver a un ser querido morir lentamente, mirar su cuerpo perder habilidades poco a poco, cada día…Dios en su gran misericordia, mantuvo a mi padre en paz y el Espíritu Santo lo acompañó todo el tiempo durante su última batalla en su cuerpo terrenal.

Personalmente siento mucha compasión al ver a cualquier persona, o inclusive ver a un animal sufriendo dolor. Agradezco a Dios que no vi a mi padre sufrir dolores extremos, como supuestamente debieron haberse manifestado, debido al mal funcionamiento los órganos internos de su cuerpo, aun así, yo mentiría si no les digo que, en algún momento sentí un dolor profundo y tristeza; sin embargo, en medio de todo esto pude sentir paz, al derramar mi corazón a los pies de Jesucristo, en oración cada día, y viendo la actitud de mi padre, un hombre fuerte, esperando en paz conforme a la voluntad de Dios; y aunque parezca una locura, mi papá muchas veces sonreía y lo mejor aún es que el mostraba un rostro complicado cuando estaba en su lecho de muerte. Su pan diario por varias semanas fue la palabra de Dios. El Espíritu Santo, Jesucristo en sí mismo, fue el agua de vida, de la cual tomó por todo ese tiempo. No en vano dice la palabra de Dios en Juan 6:35

"Jesús le dijo: yo soy el pan de vida; el que a mí viene, nunca tendrá hambre; y el que en mí cree, no tendrá sed jamás"

Jesucristo es la fuente de agua viva, y la ofrece a todos los que vienen a Él. (Léase Juan 4:10)

Los misterios y secretos de Dios son incomprensibles para la mente humana. Jesucristo quiere mostrarnos y decirnos mucho más de lo que nuestros ojos humanos pueden ver, y mucho más de lo que nuestros oídos puedan oír, por medio del Espíritu Santo.

"Aún tengo muchas cosas que deciros, pero ahora no las podéis sobrellevar" Juan 16:12

Esto lo dijo Jesucristo antes de la venida del Espíritu Santo en aquel día del pentecostés.

Pidamos a Dios que nos muestre lo que no podamos ver, que prepare nuestros corazones y nuestros oídos para escuchar lo que Él nos tenga que decir, y nos ayude a descansar en paz, en sus brazos de amor. Todos los días de nuestras vidas. En el nombre de Jesús. Amen.

Las profecías

"No menospreciéis las profecías. Examinadlo todo y retener lo bueno"
1Tesalonicenses 5:20-21

A Continuación, un cántico profético, escrito por el Pastor Benjamín Duran, aproximadamente cinco años antes de su partida, él escribe esta canción en la cual se despide de su pueblo natal, de sus seres queridos y en especial de la iglesia con esta canción.

El Pastor Benjamín sabía que iba a morir en su amado pueblo de Navarrete, donde ejerció su ministerio, en su casa y quería ver a todos sus hijos y bendecirlos antes de partir, Dios se lo permitió.

El Pastor Benjamín también sabía que se presentarían ángeles guerreros y carros de fuego a escoltarlo, él había visto a esas mujeres que estaban presente en el momento de su partida, orando y cantando a su lado, y otras mujeres fieles creyentes pertenecientes a la iglesia orando a menudo por él y por la iglesia que él había fundado anteriormente, siendo usado como instrumento de Dios. El Señor se lo había mostrado años antes, así también le había mostrado su mansión celestial y él lo recordaba perfectamente al escribir su canción de despedida. Nunca se desesperó, ni olvidó las palabras de este cántico, ni siquiera cuando pasó por el proceso de la enfermedad de Alzheimer; aunque en la mayoría de los casos, mientras estuvo enfermo, no reconocía la gente que estaba a su alrededor, él sonreía, disfrutaba de la compañía de la gente, de la lectura de la palabra y de la oración. Una persona llena de paz y confiada en un Dios que todo lo puede.

Cabe señalar que semanas antes de morir, El Pastor Benjamín recuperó totalmente la memoria, como lo había mostrado el Espíritu Santo a más de una persona, algo difícil de creer para algunos, especialmente aquellos que fueron testigos de su estado anterior y de los estudios médicos que no daban esperanza de ningún modo; o de los momentos en los cuales el no recordaba las personas que le rodeaban; sin embargo, Dios todo lo puede con su gracia y su misericordia, como dicen las escrituras en Mateo 19:26

"Y mirándolos Jesús les dijo: Para los hombres esto es imposible más; para Dios todo es posible"

Cantico Profético, por Benjamín Duran

Gracias le doy a mi Dios por la vida que él me dio
//De vivir en este mundo tan hermoso que él creó//

Este es mi pueblo querido porque aquí fue que nací
// Lino fino tengo puesto, eso tengo que vestir//

Mujeres hermosas y valientes todas vestidas de blanco
//Caminando hacia la meta junto a Cristo el comandante//

La boda del cordero pronto se va a celebrar
//Los que vistan ropa blanca, son los que van a entrar//

Tengan cuidado mis hijos con lo que pueda suceder
//Pastores y maestros les dejo, ellos cuidan de la grey//

A Dios yo le doy las gracias, por la vida que me dio
//De vivir en este mundo tan hermoso que El creo//

Milagros de sanidad y liberación

Desde la infancia fui testigo, al igual que la comunidad del Concilio de iglesias de Jesucristo Resurrección, la comunidad de Navarrete y otros no pertenecientes a la iglesia o la comunidad, de muchos milagros de sanidad, además de liberación de opresión demoníacas, que recibía la gente por medio del Espíritu Santo durante el tiempo en que mi padre ministraba, muchos fueron sanados de SIDA (síndrome de inmunodeficiencia adquirida) que en ese tiempo era una enfermedad letal, pues no había tratamiento alguno para tratar el virus que la causa, otros fueron sanados de tuberculosis, parálisis en las piernas, dolores, entre otros, muchas veces el Espíritu Santo ministraba milagros durante la adoración; muchos fueron liberados de pactos satánicos, maldiciones generacionales, hechicerías, ocultismo, entre otros, mediante la ministración individual.

El mismo Jesús era quien ministraba, a través del Espíritu Santo, sanando y liberando al cautivo. Esto nos muestra que la Iglesia de hoy puede ser como la iglesia de la cual se habla en el libro de los hechos de los apóstoles ¿Qué ha cambiado en estos tiempos? ¿Que estamos haciendo diferente? En mi propia experiencia soy la primera en reconocer que en tiempo atrás al enfriarme, me desvié y olvidé mucho acerca de Dios y de mí misma.

¡Gloria a Dios! que en su infinita gracia y misericordia me atrajo con hilos de amor y me recordó con detalles, quién verdaderamente soy, en El. Dios sigue siendo el mismo, la trinidad divina.

"Porque tres son los que dan testimonio en el cielo: el Padre el Verbo y el Espíritu santo; y estos tres son uno" 1Juan 5:7

En este versículo el Apóstol Juan se refiere a la trinidad de Dios, pues el verbo es Jesús.

"Y aquel verbo se hizo carne, y habitó entre nosotros (y vivimos su gloria, gloria como del unigénito del Padre), lleno de gracia y de verdad" Juan 1:14

El Dios de hoy es el mismo Dios trino de ayer, y de siempre; Él quiere que le busquemos de todo corazón, y también quiere derramar su unción sobre ti; si has aceptado a Jesús como tu único salvador, vuelve al primer amor, y si no le has aceptado, ven hoy, el mejor milagro es el de la salvación y se recibe gratuitamente, por gracia, solamente hay que aceptar a Jesucristo como único salvador; creer y confesar que Jesús es el hijo de Dios; que murió y resucito al tercer día para redimir nuestros pecados como dicen las escrituras en Juan 3:16

"Porque de tal manera amo Dios al mundo, que ha dado a su Hijo unigénito, para que todo aquel que en él cree, no se pierda, mas tenga vida eterna"

Al momento de creer estas palabras, entregándole tu vida a Jesús, reconociendo que Él es tu único salvador; pidiéndole perdón a Dios por tus pecados con un corazón sincero y comprometiéndote a no volver a pecar. Estarás abriendo la puerta de tu corazón a Jesús para que entre a tu vida. A esto le llamamos "arrepentimiento" Todos somos pecadores, sin embargo, aquel que se ha entregado a Jesús; no peca deliberadamente, sino que el Espíritu Santo le da convicción, de lo que esté mal y le instruye a arrepentirse y no volverlo a hacer; entonces se actúa diferente, tratando de corregir las malas acciones, a esto le llamamos "conversión"

"¡Así que a arrepentíos y convertíos, para que sean borrados vuestros pecados; para que vengan de la presencia del señor tiempos de refrigerio" Hechos 3:19

Una vez nos arrepentimos, nuestros pecados son perdonados, gracias al sacrificio que hizo Jesús en la cruz, hoy podemos presentarnos delante de Dios sin culpa, pues por la Fe en Jesús, recibimos perdón, salvación y justificación. Únicamente por medio de Jesús, por su sacrifico en la cruz.

"Jesús le dijo: Yo soy el camino, y la verdad, y la vida; nadie viene al Padre, sino por mí" Juan 14:6

Es decir, que cuando vivimos una vida en pecado, estamos muertos espiritualmente, aunque nuestro cuerpo se vea saludable; sin embargo, cuando vivimos una vida en obediencia, estamos vivos espiritualmente, aunque nuestro cuerpo se vea anciano o enfermo. Vivimos en Jesús. No significa que no cometemos errores y somos perfectos; sino que, con la ayuda del Espíritu Santo, tratamos de no pecar porque amamos a Dios y queremos complacerle. Dios escudriña los corazones; Él sabe cuándo las acciones se realizan deliberadamente o no. El conoce nuestro más profundo pensamiento. Cada pensamiento para Dios es una acción o palabra. Él está más al tanto de nuestras acciones que una cámara de seguridad que nos esté grabando los siete días de la semana por las veinticuatro horas de cada día.

Aprovecha esa gracia que nos ha dado Dios, El Padre por medio de su hijo Jesucristo y acepta a Jesús como tu único salvador hoy; y si en algún momento lo hiciste, pero te encuentras apartado, como yo misma me aparté en alguna ocasión en el pasado, la mejor noticia es que puedes arrepentirte también y pedir perdón ahora, como también lo hice yo; Jesús está tocando a la puerta de tu corazón, para darte la gracia de la salvación, por eso El mismo utilizo la parábola del hijo prodigo en Lucas 15:11-32.

No hay otro camino para ir a Dios Padre, no hay otra entrada para salvación, sino por medio de Jesucristo su hijo.

Las escrituras nos dicen en Romanos 10:9-10
"Que, si confesares con tu boca que Jesús es el señor, y creyeres en tu corazón que Dios le levantó de los muertos, serás salvo. Porque con el corazón se cree para justicia, pero con la boca se confiesa para salvación"

Si deseas aceptar a Jesús o reconciliarte con Dios, y piensas que no sabes cómo hacerlo, puedes repetir esta oración conmigo:

"Señor Jesús, vengo a ti, sabiendo que soy pecador. Te ruego que me perdones todos mis pecados y que borres toda mi iniquidad, reconozco que moriste en la cruz del calvario, derramando tu sangre bendita para salvarme y que Dios, te levantó de los muertos, te acepto como

mi único Salvador. Señor Jesús te pido que entres a mi vida, a mi corazón, y que tu Espíritu Santo haga morada en mí, y me dirija en todo de ahora en adelante. Muchas gracias, Señor por tu sacrificio y por tu amor. En el nombre de Jesús Amen"

Si hiciste esta oración con sinceridad, puedes descansar en Dios sabiendo que eres recibido como hijo suyo; todos somos creación de Dios, pero únicamente los que reciben a Jesús son llamados, sus hijos (1Juan:1:12-13) Sin embargo, esto no termina aquí, debes buscar una iglesia donde congregarte. Encuentra una iglesia cuya doctrina se base en la biblia, que ejerza el evangelio de Jesucristo, cuyo Dios sea La trinidad divina (Padre, Hijo y Espíritu Santo) y que crean en los dones del Espíritu Santo, especialmente los que describen las escrituras en 1 Corintios capítulo 12:7-11

Si es posible comienza a leer la biblia todos los días, un buen lugar para comenzar a leer la biblia son los evangelios según San Juan, San Mateo, San Marcos o San Lucas.

Procura bautizarte en agua, por inmersión en el agua, como lo hizo Jesús. La biblia debe ser nuestro manual de vida, y Jesucristo es el modelo para seguir.

No tienes que esperar a estar super listo para congregarte. Ven a Jesús y a la iglesia en tu actual condición, con el corazón dispuesto y sincero, entonces Dios se encargará de prepararte y santificarte para vivir tu vida en lo adelante.

Congregarse en una iglesia que tenga como fundamento el evangelio del Señor Jesucristo, es vital, pues no en vano dicen las escrituras en Hechos 10:25

"No dejando de congregarnos, como muchos tienen de costumbre"

¿Por qué procurar el bautismo? En el evangelio según San Marcos 16:16 Jesús nos manda a bautizarnos para ser salvos, esto también implica ser liberados espiritualmente. Además, el apóstol Pedro menciona el beneficio del bautismo para recibir los dones del Espíritu Santo. Sin dudas, estoy segura de que podemos ser salvos con solo arrepentirnos y aceptar al Señor Jesucristo como nuestro único salvador, si no hubo tiempo para más, sin embargo, debemos procurar ser bautizados, y vivir una vida plena, y en abundancia siendo libres y recibiendo el don del Espíritu Santo.

"El que creyere y fuere bautizado, será salvo; mas el que no creyere, será condenado" Marcos 16:16

"Pedro les dijo: Arrepentidos, y bautícese cada uno de vosotros en el nombre de Jesucristo para perdón de los pecados; y recibiréis el don del espíritu santo"

Dios te bendiga, Dios te guarde, y que la paz y el gozo de nuestro Señor Jesucristo sea sobre ti. ¡Amen!

Otros Testimonios

"Fui testigo en muchas ocasiones de milagros de sanidad y liberación, que Dios hizo; usando al Pastor Benjamín Durán. Dios además me reveló, mediante un sueño su ministerio apostólico. Él fue un gran guerrero en el ejército del Señor, quien formó a muchos líderes que hoy día están ejerciendo sus ministerios a nivel nacional e internacional. Yo mismo soy fruto de su ministerio"

Moisés Francisco Cabrera
Pastor, Iglesia Cristiana dando a conocer a Cristo. Esperanza, Rep. Dom.

"El pastor Benjamín Durán fue un gran mayordomo de sus dones espirituales. Tuve el privilegio de estar presente cuando oraba por los enfermos y eran sanados; paralíticos podían caminar, cadenas de maldiciones fueron rotas por el poder del Espíritu Santo que habitaba dentro de él, pude ser testigo cuando hasta en llamadas telefónicas las personas eran liberadas de opresiones malignas, personas que vivían en otro país. El poder del Espíritu Santo atraviesa continentes, espacio, distancia tiempo"

Angie Martinez, Ministro
Iglesia Fuego Santo.
Tom's River, New Jersey, EU

"El Pastor Benjamín Durán, fue un siervo usado por Dios en muchas áreas, especialmente en el área de la liberación. Él era una persona humilde de corazón y obediente a la voz de Dios. Puedo testificar que, para el Pastor Benjamín Durán, El Espíritu Santo es el que da las pautas a seguir, toda revelación y su confirmación. En aquel tiempo el Pastor Benjamín invitaba a la congregación a evangelizar, nos íbamos alegres hasta llegar de un pueblo a otro ¡caminando! Cantando alabanzas, llegábamos gozosos a nuestro destino, llevando el evangelio de la paz; la gente aceptaba a Jesús como su salvador y se convertían al Señor.

Tiempos en donde todos sabían a qué hora comenzaban los servicios de culto en la iglesia o de evangelización en los pueblos;

pero no se sabía cuándo se terminaban porque a la hora de terminar, nadie quería salir de ese ambiente de gozo y de paz que solo la presencia de Dios puede dar. ¡Tiempos de refrigerio!

Pastor Diógenes Aybar, Iglesia Metodista Libre. 27 de Febrero; Navarrete, Santiago, Rep. Dom

Información de Contacto

Dinorah Burt

En:

Dinorahburt@gmail.com

Ordenar

Amazon.com

Made in the USA
Columbia, SC
12 August 2024